São Miguel Arcanjo
Defendei-nos no combate!

Pe. Márcio Giordany Costa de Almeida

São Miguel Arcanjo
Defendei-nos no combate!

*Devoção, Orações e
Quaresma de São Miguel*

Direção editorial:	Pe. Fábio Evaristo R. Silva, C.Ss.R.
	Pe. José Luís Queimado, C.Ss.R.
Conselho editorial:	Cláudio Anselmo Santos Silva, C.Ss.R.
	Edvaldo Manoel Araújo, C.Ss.R.
	Ferdinando Mancilio, C.Ss.R.
	Gilberto Paiva, C.Ss.R.
	Marco Lucas Tomaz, C.Ss.R.
	Victor Hugo Lapenta, C.Ss.R.
Coordenação editorial:	Ana Lúcia de Castro Leite
Copidesque:	Sofia Machado
Revisão:	Luana Galvão
Diagramação:	Bruno Olivoto
Capa:	Felipe Marcondes

Dados Internacionais de Catalogação na Publicação (CIP) de acordo com ISBD

A447s   Almeida, Márcio Giordany Costa de

São Miguel Arcanjo, defendei-nos no combate!: Devoção, orações e quaresma de São Miguel / Márcio Giordany Costa de Almeida. - Aparecida : Editora Santuário, 2022.
80 p. : il. ; 13,3cm x 20,6cm.

Inclui índice e bibliografia.
ISBN: 978-65-5527-172-0
ISBN: 978-65-5527-185-0 (e-book)

1. Religião. 2. Cristianismo. 3. São Miguel Arcanjo. 4. Orações. I. Título.

2022-135

CDD 240
CDU 24

Elaborado por Odilio Hilario Moreira Junior - CRB-8/9949

Índice para catálogo sistemático:
1. Religião : Cristianismo 240
2. Religião : Cristianismo 24

5ª impressão

Todos os direitos reservados à **EDITORA SANTUÁRIO** – 2025

Rua Pe. Claro Monteiro, 342 – 12570-000 – Aparecida-SP
Tel.: 12 3104-2000 – Televendas: 0800 0 16 00 04
www.editorasantuario.com.br
vendas@editorasantuario.com.br

Apresentação
Imprimatur

Com alegria, acolho o projeto do Revmo. Padre Márcio Giordany Costa de Almeida de elaborar um livro cultivando e estimulando a devoção a São Miguel Arcanjo, para atender os fiéis da Paróquia e também os romeiros peregrinos que visitam o Santuário – Basílica de São Miguel Arcanjo –, na cidade fundada sob sua proteção.

Faço esta apresentação aprovando tal iniciativa, que favorecerá o crescimento espiritual das pessoas, que, buscando a intercessão de São Miguel Arcanjo, experimentarão o Poder do Amor Misericordioso de Deus manifestado em Cristo Jesus, que, por meio de sua Morte e Ressurreição, venceu o Pecado e a Morte e comunicou-nos a Vida.

De fato, São Miguel Arcanjo aponta o Poder de Deus – quem como Deus? – para que, sustentados pela Fé e Confiança em Deus, possamos superar todo mal e tudo o que ameaça nossa vida, nossa convivência, nossa união e nossa paz. Que Deus nos livre do mal!

A oração nos fortalece na Esperança, de modo especial na Santa Eucaristia, na qual Cristo nos alimenta com sua Palavra e sua Vida, impregnando-nos do Amor de Deus para que vivamos em comunhão e na solidariedade, multiplicando as boas obras que testemunham a presença de Deus em nós.

Quem nos separará do amor de Cristo?

São Miguel Arcanjo, fazei-nos experimentar sempre o poder do amor de Deus!

Dom Gorgônio Alves da Encarnação Neto, C.R.
Bispo da Diocese de Itapetininga, SP

Prefácio

Não faz muito tempo, recebi, no escritório da Congregação para o Culto Divino e a Disciplina dos Sacramentos, o pedido de concessão do título de Basílica Menor a uma igreja de São Miguel Arcanjo da Diocese de Itapetininga. Foi mais um pedido para estudar e processar, entre muitos outros que vêm de todo o mundo. Contudo, pouco a pouco, a revisão da documentação fornecida, o diálogo com algumas pessoas, que me visitaram interessadas nesse pedido, e, acima de tudo, a comunicação telemática com o pároco Pe. Márcio Almeida foram revelando a intensidade espiritual do projeto pastoral em torno da figura e do culto a São Miguel Arcanjo, naquele local específico no Brasil. Finalmente, o título de Basílica Menor foi concedido à igreja mencionada. Pouco tempo depois, um pequeno grupo de peregrinos que acompanhavam Pe. Márcio me surpreendeu em Roma, na mesma sede onde trabalho. Pe. Márcio e eles carregavam uma pequena imagem de São Miguel Arcanjo, que me deram de presente e ocupa um lugar de destaque em meu escritório.

Faço esta introdução para justificar meu relacionamento com o autor deste livro, que decidiu nos dar uma reflexão sobre a importância do Arcanjo São Miguel nos textos sagrados da Bíblia, nas fontes históricas da Igreja e na constante devoção do povo cristão. Desse modo, ele contribui para esclarecer a importância do Santo Arcanjo, tendo em vista a saudável formação dos fiéis e, ao mesmo tempo, para difundir sua devoção, que é o objetivo principal da Basílica Santuário, à qual ele serve como Reitor.

A Igreja comemora a participação dos anjos nos eventos de salvação e celebra a memória dos três arcanjos sagrados: Miguel, Gabriel e Rafael, em 29 de setembro, porque, de acordo com o antigo calendário Jeronimiano, celebrava-se neste dia a dedicação da Basílica de São Miguel na Via Salaria, em Roma, desde o século V. Os textos da liturgia desse dia refletem sobre o valor dessa festa para o rito romano e algumas chaves particulares para entender a missão desses santos arcanjos, também de São Miguel.

Em primeiro lugar, eles contemplam o rosto de Deus. Isto é, imprime-se neles uma missão contemplativa, orante e de adoração da glória de Deus, como diz o prefácio da missa votiva: "a glória de Deus brilha nos anjos". Eles nos ensinam que, como eles, uma tarefa prioritária para todos os fiéis é glorificar a Deus todos os dias, constantemente, sem cessar. A vida cristã se torna um tempo de glorificação de Deus com o que cada um de nós somos e temos. Isso é o que alguns dos mestres espirituais queriam dizer com a expressão "sempre estar na presença de Deus". O culto dos santos anjos e arcanjos, a veneração a São Miguel, ensina-nos que devemos estar sempre diante de Deus "glorificando", dando glória e graças a Ele por tudo o que somos e pelo que acontece a nosso redor: "Eu te dou graças, Senhor, de todo coração. Vou cantar para ti diante dos anjos" (Sl 137,1).

A eucologia dessa festa fornece um fato complementar ao anterior. Os santos anjos e arcanjos são mensageiros de Deus, que estão a serviço de seu plano de salvação. Se estão a seu serviço, é porque são servidores. Assim nos recorda a Carta aos Hebreus: "Enviados para servir aos que devem herdar a salvação" (Hb 1,14). E essa é uma palavra importante também para todo e qualquer fiel cristão. Todos somos servidores a serviço de Deus e dos outros. Com a tarefa contemplativa diante de Deus, os santos anjos e arcanjos nos recordam a tarefa de servir aos outros. São dois lados da mesma moeda: contemplação de Deus e serviço aos outros.

Além disso, a figura de São Miguel manifesta, como indicam os textos bíblicos que se referem a ele, a proteção de Deus para aqueles que o amam. Não é errado recordar nesses momentos históricos sombrios a abençoada proteção de Deus, especialmente para aqueles que se sentem mais afastados da atenção social e deserdados da assistência de seus próximos. Deus não esquece nenhum de seus eleitos. A figura de São Miguel nos recorda a todos.

Encorajo você, leitor desconhecido, quem quer que seja, a continuar com a leitura deste livro. Ele ajudará você a descobrir um pouco mais a figura interessante do Santo Arcanjo "Defensor". E finalizo retomando algumas expressões da oração que a Igreja faz, ao recordar os santos anjos e arcanjos, dirigida a Deus Pai: "Avancemos com coragem no caminho da salvação sob a fiel guarda de seus anjos, que nossa vida esteja sempre protegida na terra por aqueles que continuamente te servem no céu".

Roma, 1 de agosto de 2020.

Don Aurelio García Macías
Chefe do Escritório Central
Congregação para o Culto Divino e
Disciplina dos Sacramentos

Introdução
"São Miguel Arcanjo, defendei-nos no combate!"

Olá! Eu me chamo Márcio Giordany Costa de Almeida. Sou sacerdote católico desde 12 de dezembro de 2009. Fui ordenado padre com 35 anos, por isso sou considerado uma vocação tardia. Eu penso diferente, porém... a vocação aconteceu no momento certo: no tempo de Deus!

Nasci em Fortaleza, Ceará, em uma família católica, não muito praticante na época. Não me recordo de ir à Missa com frequência. Fiz a Primeira Eucaristia e, a partir desse dia, não fui mais à igreja, por um bom tempo!

Minha adolescência e juventude foram bem ao estilo cearense..., eu comecei a surfar aos 10 anos de idade e, nesse mesmo período, aprendi a dançar forró. Essas foram as duas grandes paixões de minha juventude. Eu pegava onda de "bodyboard" todos os fins de semana e praticamente todos os dias do período de férias escolares. Cheguei até a competir no circuito cearense. E o forró virou lambada. Dançava bem, modéstia à parte. Dei aula de lambada e cheguei a me apresentar em festivais e shows. Por tudo isso, minha juventude foi bem agitada. Fui a muitas festas, muitos shows e tive várias namoradas.

Sempre fui um bom aluno. E aí vem minha terceira paixão da juventude: o inglês. Sempre achei lindo o idioma inglês e busquei aprendê-lo de todas as formas possíveis. Até que a vida me deu a oportunidade de morar nos Estados Unidos, entre 1992 e

1993, fazendo um intercâmbio cultural de um ano, concluindo o Ensino Médio.

Nesse tempo, a religião nunca foi algo presente ou marcante para mim, mas eu tinha o bom costume de rezar todas as noites antes de dormir, fosse para agradecer, fosse para pedir...

Ao retornar dos Estados Unidos, ingressei na Faculdade de Administração de Empresas, na Universidade Federal do Ceará, e já comecei a trabalhar. Por volta de 1998, parei para pensar na vida e percebi que eu era muito feliz com o que havia conquistado, pois estava caminhando para concluir a faculdade, tinha um excelente emprego, em uma multinacional, e um namoro estável. Foi, então, que percebi que faltava somente Deus para completar minha alegria. A partir de então, voltei a frequentar a igreja.

Logo em seguida, conheci a Comunidade Católica Missionária Recado e fiz um caminho vocacional. Foi quando minha vida deu uma guinada. Percebi que o namoro não mais me preenchia, e o trabalho também não. Após um sério discernimento, decidi abandonar tudo para me entregar a Deus na missão, em 2001.

No ano de 2003, fui enviado para Tatuí para ser o formador comunitário da Comunidade Recado e, desde então, moro no interior paulista. Nesse período, eu já havia despertado para a vocação sacerdotal, mas tinha muito medo de dar esse passo, até porque não me sentia capaz para tão importante missão. Contudo, quando Deus quer, Ele faz. Fui participar da Missa de apresentação do novo pároco, na época, e tive uma experiência vocacional imensa. A partir desse dia, fiz mais um sério discernimento para o sacerdócio.

Na época, sob a orientação do pároco, procurei nosso Bispo Diocesano, Dom Gorgônio Alves da Encarnação Neto, e expus para ele meus sentimentos vocacionais. Ele me acolheu no processo formativo e me orientou a iniciar a Teologia, por já ter uma formação superior e por ter vivido por 7 anos a vida consagrada. Sou muito grato a Dom Gorgônio por sempre ter manifestado essa confiança em mim.

Dessa forma, em 2009 fui ordenado sacerdote, nessa Diocese de Itapetininga, onde sirvo com imensa alegria.

Fui enviado para a cidade de São Miguel Arcanjo, para ser vigário paroquial, em 31 de janeiro de 2010. Mal sabia eu que Deus me reservava algo especial nessa cidade.

Preciso confessar, no entanto, que meu conhecimento e minha devoção a São Miguel Arcanjo não eram dos maiores.

Em novembro de 2012, assumi a missão de pároco nessa Paróquia de São Miguel Arcanjo. Eu já estava há quase dois anos na cidade, já conhecia um pouco da realidade e da fé desse povo são-miguelense. Foi a partir dessa fé, desse amor que esse povo tem por seu padroeiro e percebendo o afluxo de pessoas de outras cidades, devotas de São Miguel Arcanjo, que solicitei ao Bispo o título de Santuário Diocesano, em 2013. Um grande presente para esse povo e um grande reconhecimento da importância dessa igreja.

A partir desse fato, a cidade foi despertada para o turismo religioso. Começamos a receber grupos de peregrinos, pessoas que vinham a pé, de caravanas, enfim... percebemos que o fato de sermos um Santuário potencializou a devoção das pessoas a São Miguel Arcanjo.

Como Deus tem seus caminhos, em uma conversa informal com um padre reitor de uma Basílica, perguntei a ele por que aquela igreja era uma Basílica e, ao saber dos critérios exigidos pelo Vaticano, percebi que nossa Igreja atendia a todos. Foi então que decidimos solicitar a nosso Bispo para dar entrada nesse processo junto ao Vaticano. E, assim, iniciamos esse caminho. Preenchemos todos os formulários, fizemos um dossiê com textos e fotos e, em abril de 2018, fomos até o Vaticano para fazer essa solicitação. Na ocasião, tivemos a ajuda amiga do Pe. Luis Armando, sacerdote camiliano, são-miguelense, que reside na Espanha e trabalha para o Vaticano. Ele conseguiu agendar essa reunião de apresentação do dossiê, e lhe somos muito gratos pelo carinho e empenho dispensados naquele momento e no dia a dia de nossa igreja e cidade.

No Vaticano fomos atendidos e muito bem acolhidos por Don Aurelio García Macías, chefe de escritório da Congregação para o Culto Divino e Disciplina dos Sacramentos. Ele ficou encantado com o dossiê apresentado e constatou que, de fato, nossa igreja tinha uma beleza arquitetônica, uma história religiosa relevante e que cumpria os requisitos; deu-nos grande esperança de que conseguiríamos essa titulação.

Em 25 de Maio de 2018, praticamente um mês passado da reunião, nossa Igreja Matriz, Santuário São Miguel Arcanjo, recebeu o título de Basílica Menor de São Miguel Arcanjo, causando imensa alegria no povo são-miguelense e em todos os devotos de tão poderoso Arcanjo.

Assim, hoje somos a Basílica Santuário de São Miguel Arcanjo, a única no Brasil dedicada a esse Arcanjo, visitada por peregrinos de diversos cantos do Brasil, bem como de outros países.

E minha devoção a ele? Sim, eu aprendi a ser devoto de São Miguel Arcanjo, a quem me confio diária e constantemente. E a quem sou muito grato por me dar a oportunidade de falar dele para as pessoas.

Quero compartilhar com você, nestas páginas que seguem, essa belíssima devoção, entendendo que nenhuma devoção ocupa o lugar de Jesus Cristo e que, ao mesmo tempo, uma devoção bem vivida agrada a Deus.

Não fiz um tratado teológico. Pelo contrário, busquei escrever em uma linguagem acessível a todos, porém com o embasamento necessário para dar firmeza às afirmações.

O livro está dividido em seis capítulos. Nos dois primeiros capítulos, falo sobre os Anjos e sua Hierarquia. É importante termos esse conhecimento pautado na Sagrada Escritura, na Doutrina, na Tradição e no Magistério para não sairmos acreditando em tudo o que se fala sobre os anjos. Assim, nesses dois capítulos, trago informações importantes para nossa compreensão desses seres celestiais, que nos acompanham ao longo de nossa vida. No terceiro capítulo, apresento São Miguel Arcanjo a partir da Sagrada Escritura, fazendo uma análise dos textos que falam dele de forma direta e indireta. Em seguida, no quarto capítulo, apresento o pensamento de Papas e Santos sobre o Arcanjo Miguel. No quinto capítulo, abordo, de forma específica, o texto do Apocalipse, capítulo 12, que retrata a batalha no céu contra o demônio. E, no último e sexto capítulo, apresento práticas devocionais a São Miguel Arcanjo para fortalecer nossa fé.

De coração, espero que esta leitura ajude você a conhecer melhor São Miguel Arcanjo e a gozar da proteção diária dele em sua vida.

Agradeço a Deus conduzir meus passos e me dar a oportunidade de viver unicamente para Ele. Agradeço a minha família, meu berço, que sempre está a meu lado e me apoia em cada passo. Agradeço a Dom Gorgônio e a meus irmãos de Presbitério me acolherem nessa família, chamada Diocese de Itapetininga. Agradeço a Dom Aurelio García Macías ter me dado a honra de escrever o prefácio deste livro. Agradeço ao povo são-miguelense e a todos os devotos de São Miguel Arcanjo o testemunho de fé. E agradeço a você, que adquiriu este livro. Espero que você possa mergulhar intensamente nesta devoção ao Príncipe da Milícia Celeste e extrair de cada capítulo as riquezas próprias dessa devoção.

I
Quem são os anjos

Desde nossa infância, os anjos fazem parte de nossa vida e de nosso imaginário. Você já deve ter presenciado alguém dizendo para uma criança: "É um anjinho". Ou nos momentos de dor, quando falece uma criança, as pessoas dizem: "Mais um anjinho junto de Deus". Ainda podemos citar situações da vida em que alguém aparece no momento certo com uma ajuda necessária e dizemos: "Foi um anjo que Deus me enviou". Dessa forma, é fácil compreender que a figura dos anjos acompanha a vida humana. Assim, neste primeiro capítulo, queremos apresentar a você, de forma sucinta, o que a Sagrada Escritura e o Magistério da Igreja falam sobre os anjos.

A palavra anjo significa mensageiro. "Por sua natureza inteiramente espiritual, os anjos encontram-se entre Deus e os homens, entre o Infinito e os seres compostos de matéria e espírito" (Dicionário de Espiritualidade, p. 171).

O Catecismo da Igreja Católica, número 328, diz-nos o seguinte: "A existência dos seres espirituais, não corporais, que a Sagrada Escritura chama habitualmente de anjos, é uma verdade de fé. O testemunho da Escritura a respeito é tão claro quanto a unanimidade da Tradição".

Santo Tomás de Aquino vai afirmar, baseado no texto de São Paulo aos Colossenses (1,16), que os anjos foram criados por

Deus. Dessa forma, eles não são eternos, ou seja, não existiram desde sempre, porque foram criados. Mas, ao mesmo tempo, eles não são temporais, ou seja, não estão sujeitos ao tempo terreno, como os seres humanos. Assim, ele afirma que os anjos são seres eviternos, que significa eterno por participação, não por natureza.

O Doutor Paulo Faitanin, em um artigo escrito para a Revista Ágora Filosófica, intitulado "A ordem dos anjos segundo Tomás de Aquino", diz-nos o seguinte: "Segundo Tomás, cada anjo é uma criatura espiritual única diante de Deus, dotada de dons naturais que recebeu em sua criação, mas ainda assim é um ser criado, portanto limitado, apesar de ser imaterial, incorpóreo, imortal e incorruptível".

Na Sagrada Escritura, conseguimos compreender que existem duas grandes funções atribuídas aos anjos, uma que se refere a Deus e outra que se refere aos homens.

> Referente a Deus: os anjos formam sua corte (Dn 7,10), quase seu Exército (Sl 148,1-2; Mt 26,53; Lc 2,13). Veem a Deus (Mt 18,10), exaltam-no e cantam sua glória (Is 6,1-3) (Dicionário de Espiritualidade, p. 171).

Vejamos estes textos:

No capítulo 7 de Daniel, é descrito um sonho que o profeta tem no tempo do reinado de Baltazar, na Babilônia. Na visão, ele descreve, no versículo 9, Deus em seu trono com vestes brancas. Em seguida, ele diz: "Corria um rio de fogo, nascido diante dele. Havia milhões a seu serviço, inumerável multidão de pé diante dele" (Dn 7,10). Aqui podemos atribuir aos anjos esses milhões a serviço de Deus, formando sua corte celeste.

Reforçando essa compreensão da corte ou do exército celeste, o Salmo 148, nos versículos 1 e 2, traz: "Aleluia! Louvai o Senhor nos céus, louvai-o nas alturas. Louvai-o, vós todos, seus anjos, louvai-o, vós todos, seus exércitos".

Jesus, no Evangelho de Mateus, afirma: "Ou pensas que eu não poderia recorrer ao meu Pai, que me mandaria logo mais de doze legiões de anjos?" (Mt 26,53). Por fim, lemos em Lucas: "De repente, juntou-se ao anjo uma multidão do exército celeste cantando a Deus" (Lc 2,13).

Esse exército celeste contempla a face de Deus, como nos diz Jesus: "Eu vos digo que seus anjos, no céu, contemplam sem cessar a face de meu Pai, que está nos céus" (Mt 18,10).

Por fim, o profeta Isaías, em uma belíssima passagem, diz-nos que esses anjos glorificam a Deus: "No ano em que morreu o rei Ozias, vi o Senhor, sentado em trono alto e majestoso. A orla de seu manto enchia o templo. Acima dele se erguiam serafins, cada qual com seis asas. Duas cobriam-lhes o rosto, duas o corpo, e duas serviam para voar. Exclamavam um para o outro: 'Santo, Santo, Santo, é o Senhor dos exércitos, a terra inteira está repleta de sua glória'" (Is 6,1-3).

Assim, compreendemos que existe uma corte, um exército de anjos a serviço de Deus, que contempla sua face e o glorifica sem cessar.

Agora, vejamos alguns textos bíblicos que nos mostram também que os anjos estão a serviço dos homens.

> Já no Antigo Testamento são os embaixadores, enviados por Deus, seja para transmitir qualquer mandato seu (2Rs 1,3; Jz 6,11-18), seja para instruir os profetas (Zc 3,6), seja para proteger os indivíduos (Tb 5,22) e o povo eleito (Dn 10,13-21; 12,1) ou punir o adversário (Êx 12,23-29) (Dicionário de Espiritualidade, p. 172).

Como são muitas as passagens, vamos debruçar-nos somente em algumas delas.

No Segundo Livro dos Reis, vemos um anjo enviando uma mensagem em nome de Deus: "Entretanto, um anjo do Senhor falou a Elias, o tesbita: 'Levanta-te, vai ao encontro dos mensageiros do rei da Samaria e dize-lhes: Não há, porventura, um Deus em Israel, para que vades consultar Beelzebub, deus de Acaron?'" (2Rs 1,3).

O Profeta Zacarias nos ajuda a entender a missão dos anjos de instruir os profetas: "O anjo do Senhor tornou a falar com

Josué: Assim diz o Senhor dos exércitos: 'Se andares em meus caminhos, guardando meus mandamentos, serás tu que hás de governar minha gente e guardar minha morada. E eu te farei, então, vir a fazer parte desses que aqui estão de pé'" (Zc 3,6).

Sobre o cuidado individual, no livro de Tobias é dito: "Um bom anjo o acompanhará, sua viagem vai transcorrer bem e ele voltará são e salvo" (Tb 5,22).

E sobre o cuidado do povo eleito, diz Daniel: "Naquele dia vai prevalecer Miguel, o grande comandante, sempre de pé ao lado de teu povo" (Dn 12,1).

Assim percebemos também que os anjos têm a função de acompanhar os homens durante a jornada da vida terrena, alertando-os e protegendo-os.

Aprofundando um pouco mais essa visão bíblica sobre os anjos, importa ressaltar que, no Antigo Testamento, a palavra anjo, a partir da expressão "malak" (em hebraico), aparece 108 vezes. Já no Novo Testamento, a palavra anjo, derivada do termo grego "angelos", aparece 175 vezes.

> No Novo Testamento, toda a missão dos anjos é concentrada em Cristo e em sua obra de redenção. A vida de Cristo é frequentemente assinalada por intervenções angelicais: a encarnação (Lc 1,26-38), o nascimento (Lc 2,7; Mt 2,24), a infância (Mt 2,19) e o início da vida pública (Mt 4,11). Durante a vida pública, os anjos não aparecem, mas Cristo fala deles afirmando que estão sempre a Seu serviço (Mt 26,53), e o estarão especialmente no fim do mundo (Mt 13,41.49; Mc 13,27). Depois retornam no momento de sua agonia (Lc 22,43) e de sua ressurreição (Mt 28,2-5; Jo 20,12). Os apóstolos e os discípulos, que devem continuar a obra de Cristo, aparecem também protegidos pelos anjos (At 5,19; 12,7-11; 27,23). O centurião Cornélio se dirige a Pedro por causa do conselho de um anjo (At 10,3-7), e é um anjo que manda Filipe instruir o eunuco (At 8,26-39) (Dicionário de Espiritualidade, p. 172).

E antes de cairmos na tentação de pensar que esses "anjos" são pessoas boas que aparecem em nosso caminho, falando-nos coisas de Deus, lembremos que o Catecismo da Igreja Católica afirma a crença nos anjos, criaturas celestes:

> Como criaturas puramente espirituais, são dotados de inteligência e de vontade: são criaturas pessoais e imortais. Superam em perfeição todas as criaturas visíveis. Disto dá testemunho o fulgor de sua glória (Catecismo da Igreja Católica, n. 330).

Você pode perguntar-se neste momento o seguinte: tudo bem. Os anjos tiveram essa função nos tempos do Antigo e do Novo Testamento. E, nos dias atuais, qual é a função deles?

Segundo o Dicionário de Espiritualidade, do Pontifício Instituto de Espiritualidade Teresianum, a função atual dos anjos "consiste em defender os cristãos e ajudar-lhes a completar a obra redentora de Cristo" (Dicionário de Espiritualidade, p. 172).

Entendam, meus irmãos! Os anjos estão a nosso lado para nos defender nesta vida, para nos ajudar a concretizar o Reino de Deus ainda neste tempo e para nos ajudar a receber de Deus nossa salvação. Essa é uma grande graça de Deus para nós. Podemos e devemos contar com a ajuda dos anjos em nosso dia a dia e pedir-lhes que nos auxiliem a colocar em prática os ensinamentos de Jesus Cristo.

E não para por aí. Para nós, cristãos católicos, importa entender que "os anjos têm parte ativa na liturgia celeste em honra do Cordeiro" (Dicionário de Espiritualidade, p. 172).

Podemos ler no livro do Apocalipse:

> Eu vi – eu ouvi a voz de numerosos anjos, que rodeavam o trono, os Seres vivos e os Anciãos. Eram milhares de milhares e milhões de milhões e proclamavam em alta voz: "O Cordeiro imolado é digno de receber o poder, a riqueza, a sabedoria e a força, a honra, a glória e o louvor". E todas as criaturas que estão no céu, na terra, debaixo da terra e no mar, e tudo o que aí se encontra, eu as ouvi dizer: "Ao que está sentado no trono e ao Cordeiro o louvor e a honra, a glória e o poder para sempre". Os quatro Seres vivos respondiam: "Amém". E os Anciãos se prostraram e adoraram (Ap 5,11-14).

Quando participamos da Missa, no momento em que recitamos ou entoamos o "Santo", fazemo-lo com todos os anjos e santos da Igreja. Quanta riqueza nossa Igreja reserva para nós! E no momento da consagração, os anjos adoram a Deus com toda a Igreja militante! Que graça!

Scott Hahn, em seu livro "O banquete do Cordeiro", diz-nos:

> A missa é nossa perpétua renovação da nova Aliança. A missa é um juramento solene que você faz diante de inúmeras testemunhas, como no tribunal do livro do Apocalipse. "Por isso, com todos os anjos e santos cantamos..." Quando o céu toca a terra, você recebe o privilégio de rezar ao lado dos anjos. Mas também recebe o dever de viver de acordo com suas orações. Esses mesmos anjos vão considerá-lo responsável por todas as palavras que reza (O banquete do Cordeiro, p. 143).

Dessa maneira, percebemos que os anjos não são somente parte do imaginário da vida popular, mas que existem, acompanham-nos e aproximam-nos de Deus. Saibamos reconhecer e valorizar a figura dos anjos em nossa vida.

No próximo capítulo, falaremos um pouco mais sobre os anjos, buscando referências ao que a Igreja chama de "hierarquia dos anjos", percebendo a diversidade que há no coro celeste e as funções atribuídas a cada um.

Proponho finalizarmos este capítulo rezando juntos a oração do Santo Anjo:

> Santo Anjo do Senhor, meu zeloso guardador, já que a ti me confiou a piedade divina, sempre me rege, me guarda, me governa, me ilumina. Amém.

2
A hierarquia dos Anjos

Como vimos no primeiro capítulo, os anjos são seres espirituais, criados por Deus, dotados de inteligência e de vontade. Se pensarmos que nós, seres humanos, também criados por Deus, também dotados de inteligência e de vontade, gozamos de uma individualidade diante do Criador, ou seja, não há um ser humano igual a outro, podemos pensar também que, entre os anjos, não há um que seja idêntico ao outro. Assim, podemos afirmar que cada anjo é único, um é diverso do outro!

Sabemos que eles formam uma multidão, e agora podemos pensar que, dessa multidão, cada anjo é único.

Antes de buscarmos em Santo Tomás de Aquino, o Doutor Angélico, luzes para compreender a hierarquia dos anjos, olhemos para a Sagrada Escritura.

De acordo com os textos Sagrados, os anjos são retratados em classificações diferentes, que somam nove. Nos textos bíblicos, abaixo sugeridos, vamos verificar que, ao falar dos anjos, a Sagrada Escritura se refere a eles como Querubins, Serafins, Tronos, Dominações, Potestades, Virtudes, Principados, Arcanjos e Anjos.

Vejamos algumas das várias passagens bíblicas:

– Ezequiel – 10; 1 Samuel 4; 2 Reis 19; Isaías 37; Salmo 80 e 99. Todos eles falam dos Querubins.
– Em Isaías 6, aparecem os Serafins.
– Colossenses 1 fala dos Tronos, Dominações, Principados e Potestades.
– A primeira carta de Pedro, capítulo 3, fala das Virtudes, palavra que também é traduzida por Autoridades ou Poder Divino.
– Efésios 6 fala dos Principados e Potestades.
– O livro de Daniel menciona o Arcanjo nos capítulos 10 e 12.

A Sagrada Escritura, como um todo, fala-nos dos Anjos em diversos textos, como vimos no primeiro capítulo.

Assim, nós já conseguimos vislumbrar na Bíblia essa diversidade que há na realidade dos anjos. Por que uns são Querubins e outros Principados ou Arcanjos?

Esse é um assunto complexo, porque estamos falando das realidades celestiais. No entanto Santo Tomás de Aquino nos ajuda a compreender um pouco mais esse tema da hierarquia dos anjos.

Hierarquia. Essa palavra pode soar como algo ultrapassado, em que alguém que é superior manda e alguém que é inferior obedece. Nos tempos atuais, não gostamos dela, mas, dentro do plano divino, falamos da hierarquia para explicar o governo sagrado que Deus faz em nossa vida; ou seja, toda obra criada é governada por Deus, que, em sua sabedoria, imprime certa ordem na criação. Por exemplo: nós não somos anjos, e os anjos não são seres humanos; ou ainda, sabemos que a santidade de vida é para os seres humanos, pois não temos referências bíblicas de que um animal ou uma planta se tornem santos na eternidade. Percebe? Há uma ordem na criação, que foi estabelecida por Deus.

Já mencionamos, no primeiro capítulo, o artigo do Doutor Paulo Faitanin, que tratou sobre a ordem dos anjos, segundo Tomás de Aquino. Segundo ele, cada anjo, no momento de sua criação, recebe uma iluminação divina, que o faz distinto do outro. Essa distinção faz também com que haja anjos superiores e inferiores. Ele afirma que: "As diversas iluminações divinas que procedem de Deus para os anjos são distintas e procedem segundo uma diversidade de grau e intensidade em cada anjo que as recebe. Tais iluminações individuam e distinguem os anjos entre si, segundo uma hierarquia, que se dá segundo certa ordem que parte de um princípio sagrado superior até um inferior, informando tudo quanto cada anjo precisa saber para, em seu ser, configurar-se como pessoa e confirmar e justificar sua natureza individual como serva de Deus".

Santo Tomás de Aquino, na *Summa Theologicae*, organizou o Coro Celeste dos Anjos, dividindo-os em três hierarquias e atribuindo funções distintas a cada um deles.

Por que três hierarquias?

Paulo Faitanin nos diz que "Assim como a unicidade da natureza divina distingue-se em três Pessoas, por cujas ações as criaturas espirituais são purificadas, iluminadas e aperfeiçoadas, pode-se também precisar, com relação a isso, três hierarquias angélicas, distintas entre si enquanto são observadas as perfeições de suas respectivas naturezas, constituídas segundo três graus de conhecimento que recebem da Trindade: uma perfeição que purifica, outra que ilumina e outra que aperfeiçoa".

Desse modo, a Primeira Hierarquia está mais voltada para os segredos de Deus, sendo considerada uma hierarquia superior. Ela se divide em três ordens: 1ª Ordem, a dos Serafins; 2ª Ordem, a dos Querubins; 3ª Ordem, a dos Tronos.

A Segunda Hierarquia, considerada hierarquia média, está voltada para o governo e a direção divinos e se divide em três ordens: 1ª Ordem, Dominações; 2ª Ordem, Potestades; 3ª Ordem, Virtudes.

Por fim, a Terceira Hierarquia, considerada inferior, está voltada para a execução dos ofícios e das atividades divinas e também se divide em três ordens: 1ª Ordem, Principados; 2ª Ordem, Arcanjos; 3ª Ordem, Anjos.

Essa é a ordem hierárquica dos anjos estabelecida em relação à perfeição da glória e ao que a natureza tem e recebeu na origem de sua criação. Não significa dizer que haja um anjo mais importante que o outro, mas que exercem funções diferentes, todas de igual dignidade.

Resumidamente, a classificação dos anjos pode ser compreendida assim:

> **Serafins:** aqueles que se consomem de amor para com Deus.
> **Querubins:** aqueles que transmitem a sabedoria divina.
> **Tronos:** aqueles que apresentam aos coros inferiores o esplendor da Divina Onipotência.
> **Dominações:** aqueles a quem os outros anjos lhes são submissos.
> **Potestades:** aqueles que transmitem aquilo de deve ser feito pelos outros anjos.
> **Virtudes:** semelhante às potestades, porém de forma perfeita, para o cumprimento da vontade de Deus.
> **Principados:** enviados a príncipes, reis, províncias, dioceses, eles guiam os mensageiros divinos.
> **Arcanjos:** aqueles que transmitem mensagens de grande importância.
> **Anjos:** aqueles com mensagens para a vida ordinária dos homens.

Nós, que somos devotos de São Miguel Arcanjo e o vemos no final dessa hierarquia, sentimo-nos chateados e naturalmente nos perguntamos como pode tão poderoso anjo, Arcanjo, ser inferior a tantos outros? Logo ele que bradou "Quem como Deus?" e expulsou o demônio do paraíso! Calma! Como disse, não há um anjo mais importante de que o outro. No momento de sua criação, ele foi iluminado por Deus nessa hierarquia, da qual ele não pode mudar. Mas sua missão se tornou sublime. Por isso, no próximo capítulo, vamos conhecer um pouco mais sobre a figura desse Arcanjo tão querido, nosso Anjo Protetor, São Miguel Arcanjo!

Sugiro que você reze, ao término deste segundo capítulo, a Coroa de São Miguel Arcanjo. Trata-se de uma importante devoção, que vamos tratar no capítulo 4 e 6. Essa oração enaltece os nove coros dos anjos e pode ser encontrada na página 71.

3
São Miguel Arcanjo na Sagrada Escritura

São Miguel Arcanjo, defendei-nos no combate!

Vimos, nos capítulos 1 e 2, diversas referências bíblicas e da Tradição sobre os anjos, inclusive textos que mostram os diferentes tipos de anjos existentes, formando uma hierarquia do coro celeste.

Agora, que já conhecemos um pouco mais sobre a realidade angelical, vamos buscar na Sagrada Escritura as referências acerca de São Miguel Arcanjo, nosso poderoso defensor.

São cinco passagens bíblicas que fazem menções diretas a ele: três no livro do profeta Daniel (10,13; 10,21; 12,1), uma na carta de São Judas (v. 9) e a última no livro do Apocalipse (12,7).

Vejamos cada um desses textos.

Daniel 10,13:
"Há vinte e um dias que o chefe do reino Pérsia combate comigo, mas Miguel, um dos primeiros chefes, veio me ajudar".

Daniel 10,21:
"Mas vou anunciar-te o que está escrito no livro da verdade. Ninguém me ajuda na guerra contra eles a não ser Miguel, vosso chefe".

Daniel 12,1:
"Naquele dia vai prevalecer Miguel, o grande comandante, sempre de pé ao lado de teu povo".

Um estudo bíblico mais aprofundado vai situar o livro do profeta Daniel em meados dos anos 160 a.C., principalmente os capítulos do 7 ao 12, que trazem uma riqueza de detalhes da época helenística, em especial o capítulo 11, que narra com pormenores as guerras entre os Ptolomeus e Selêucidas, bem como o reinado de Antíoco IV Epífanes.

O que importa para nós é que Daniel está narrando diversas guerras que assolaram o povo de Deus.

Nesse contexto, ele tem uma visão: "Um homem vestido de linho e tendo na cintura um cordão de ouro puro. Seu corpo parecia de pedra preciosa, o rosto era um relâmpago, os olhos, lâmpadas acesas, braços e pernas tinham o brilho do bronze polido. Sua voz parecia o grito de uma multidão" (Dn 10,5-6).

Mais à frente, no versículo 19, ele se refere a esse homem como "meu Senhor".

Claramente, nessa visão, Daniel está na presença de Deus ou de um ser divino. Pois bem, é esse "homem esplendoroso" que fala para Daniel que ele conta com o auxílio de Miguel, um dos primeiros chefes do exército, que o ajudará na guerra.

E, saltando para o capítulo 12, porém ainda dentro da visão, o mesmo homem diz a Daniel que Miguel vai prevalecer, que ele é o grande comandante e que sempre está a postos, ou seja, de pé, ao lado de seu povo.

Pois bem, meus irmãos e minhas irmãs, essa visão de Daniel nos faz compreender que Miguel, o Arcanjo Miguel, enviado de Deus, luta a nosso favor nas batalhas que querem nos destruir. E que ele é o chefe do exército do Senhor, o grande comandante.

Olhando ainda para o Antigo Testamento, gostaria de partilhar com vocês outro texto que, apesar de não falar diretamente de São Miguel Arcanjo, faz-nos lembrar dele. Trata-se do relato de Josué, que vamos acompanhar abaixo:

> Nos arredores da cidade de Jericó, Josué levantou os olhos e viu diante de si um homem de pé, com uma espada desembainhada na mão. Josué foi até ele e perguntou: "Tu és dos nossos ou dos inimigos?" Ele respondeu: "Não! Eu sou o chefe do exército do Senhor, eu acabo de chegar". Então Josué prostrou-se com o rosto por terra e o adorou. Depois perguntou-lhe: "O que diz meu senhor a seu servo?" O chefe do exército do Senhor respondeu a Josué: "Tira as sandálias dos pés, pois o lugar em que pisas é sagrado". E Josué fez o que lhe fora ordenado (Js 5,13-16).

Apesar de o texto não citar o nome de São Miguel Arcanjo, a descrição desse homem de pé com uma espada desembainhada na mão e se autoproclamando o chefe do exército do Senhor leva-nos a entender que o próprio São Miguel Arcanjo esteve com Josué, ajudando-o no cerco de Jericó. E mais: Josué se prostra na presença dele e o chama de "meu senhor".

Assim, no Antigo Testamento, temos duas menções a São Miguel Arcanjo: como guerreiro e defensor do povo de Deus, sendo uma citação direta no livro de Daniel, e outra citação indireta, no livro de Josué.

Interessa destacar aqui uma das missões de São Miguel Arcanjo revelada a nós por meio da Sagrada Escritura, que é a de defensor do povo de Deus. Por isso a iconografia de São Miguel Arcanjo, isto é, a forma de descrevê-lo em uma imagem, sempre é retratada com um objeto de batalha: espada, lança ou escudo, pois ele é o nosso defensor. Ele combate por nós.

Continuando nossa busca por São Miguel Arcanjo na Sagrada Escritura, no Novo Testamento temos dois textos que também fazem referência direta a nosso Arcanjo em estudo.

Temos um pequeno livro no final do Novo Testamento, antes do livro do Apocalipse, a carta de Judas, aquele apóstolo também chamado de Tadeu. Essa epístola, que só contém um capítulo, escreve o seguinte:

> No entanto, o Arcanjo Miguel, quando estava disputando com o diabo o corpo de Moisés, não se atreveu a lançar-lhe em rosto uma invectiva injuriosa; mas apenas disse: O Senhor te repreenda! (Jd 9).

A Igreja compreendeu nesse texto que a missão de São Miguel Arcanjo de defender o povo de Deus não se dá somente no momento da vida terrena, mas também se dá no momento da morte. Ele luta contra o demônio também no momento de nossa morte para nos conduzir a Deus.

Por isso a tradição atribui a São Miguel Arcanjo a missão de "pesador das almas", ou seja, ele nos defende na hora de nossa morte e pesa na balança divina nossa alma para nos conduzir a Deus. Assim, algumas imagens de São Miguel Arcanjo o trazem segurando uma balança.

Outra citação indireta sobre São Miguel Arcanjo está na primeira carta de São Paulo aos Tessalonicenses. Diz o Apóstolo:

> Pois o Senhor mesmo, à voz do Arcanjo e ao som da trombeta de Deus, descerá do céu. E então ressuscitarão, em primeiro lugar, os que morreram em Cristo (1Ts 4,16).

Nesse texto, São Paulo está falando sobre o futuro daqueles que morreram em Cristo. E, apesar de não citar nominalmente São Miguel, ele usa o termo Arcanjo para se referir ao momento do juízo final, como que dando a ele a função de dar início ao juízo final. É à voz dele que isso acontecerá. Assim sendo, São Miguel Arcanjo estará liderando o momento do juízo final. Mas sabemos que todos nós vivemos um juízo particular quando morremos. Assim, fazendo uma analogia, cremos que nesse juízo particular também se fará presente nosso Arcanjo protetor, São Miguel.

Por fim, no livro do Apocalipse, o apóstolo João descreve a batalha entre os anjos e os demônios:

Houve, então, uma batalha no céu: Miguel e seus anjos guerrearam contra o Dragão. O Dragão lutou, juntamente com seus anjos, mas foi derrotado; e eles perderam seu lugar no céu (Ap 12,7-8).

A explicação desse texto vou deixar para o capítulo 5, em que vamos tratar especificamente da luta de São Miguel Arcanjo contra o demônio.

Neste terceiro capítulo, buscamos apresentar São Miguel Arcanjo por meio dos textos bíblicos. Vimos, na fonte, na própria Palavra de Deus, a presença e a força de São Miguel Arcanjo. Por isso somos devotos dele e nos confiamos a sua defesa. No próximo capítulo, vamos debruçar-nos sobre o que os Papas e alguns Santos nos falaram sobre São Miguel Arcanjo ao longo da história.

> Convido você a fazer um exercício espiritual relendo Josué 5,13-16. Todos nós sempre enfrentamos alguma luta espiritual em nossa vida. Não sei se você está vivendo uma luta espiritual no hoje de sua história. Mas, caso sim, reze com o episódio do Cerco de Jericó e se aproprie da presença defensora de São Miguel Arcanjo em sua vida. Caso não esteja vivendo uma luta espiritual neste momento, você pode rezar pedindo que Deus fortaleça sua vida, fazendo memória das diversas lutas que você já enfrentou e de como a presença de Deus foi fundamental naquele momento.

4
São Miguel Arcanjo a partir dos Papas e dos Santos

> São Miguel Arcanjo, defendei-nos no combate, sede o nosso refúgio contra as maldades e as ciladas do demônio. Ordene-lhe, Deus, instantemente o pedimos, e vós, ó príncipe da milícia celeste, pelo divino poder, precipitai no inferno a satanás e a todos os espíritos malignos que andam pelo mundo para perder as almas. Amém!

Agora que você já conhece um pouco da realidade dos anjos, especificamente a de São Miguel Arcanjo, a partir da Sagrada Escritura, queremos dar um passo a mais nessa devoção e buscar nos Papas e nos Santos sinais da importância de São Miguel Arcanjo para a Igreja e para a vida do povo de Deus.

Eu fiz uma busca no site do Vaticano e em outras fontes disponíveis para levantar o maior número possível de informações. Iniciando por alguns Papas de nossa amada Igreja, vejamos o que eles nos falaram sobre nosso poderoso Arcanjo, São Miguel!

O papa Leão XIII tornou-se um símbolo de devoção a São Miguel Arcanjo por ter introduzido sua oração no final das Missas, a partir de 29 de setembro de 1891. A oração ficou conhecida como *"O pequeno exorcismo de Leão XIII"*. Trata-se da oração que rezamos no início deste capítulo!

De acordo com o site ACI DIGITAL, "não existe um relato histórico definitivo sobre o que exatamente aconteceu com o papa Leão XIII para que, na década de 1880, escrevesse a conhecida oração a São Miguel Arcanjo". Contudo existem alguns testemunhos de pessoas próximas ao Sumo Pontífice que relatam que ele teve uma visão do demônio atacando a Igreja e, por causa dessa visão, decidiu pedir a intercessão de São Miguel Arcanjo.

O Padre Domenico Pechinino relatou o seguinte: "Numa manhã, o Sumo Pontífice Leão XIII tinha celebrado a Santa Missa e estava assistindo à outra, de agradecimento, como era habitual. Logo, eu o vi levantar energicamente a cabeça e, em seguida, olhar algo por cima do celebrante. Olhava fixamente, sem piscar, mas com ar de terror e de espanto, desfigurado. Algo estranho, grande, ocorria com ele [...] Finalmente, como voltando em si, com um rápido, mas enérgico gesto, levantou-se e foi ao seu escritório particular. Foi-lhe perguntado: 'Santo Padre, não se sente bem? Precisa de alguma coisa?' Ele respondeu que não. Depois de meia hora, chamou o secretário da Congregação dos Ritos e, entregando-lhe uma folha, mandou imprimi-la e enviá-la a todos os bispos diocesanos do mundo" (site ACI DIGITAL).

Tratava-se da oração que rezamos por muitos anos ao final das Santas Missas com o povo, com a súplica a Maria e a ardorosa invocação ao príncipe das milícias celestes, implorando a Deus que volte a lançar Satanás ao inferno.

A oração de São Miguel se acrescentou, em 1886, às outras "orações Leoninas", que o Santo Padre havia mandado recitar desde 1884.

Outro Papa da Igreja, São Pio X, disse em 18 de setembro de 1903: "Deus, na primeira luta, venceu, servindo-se do Arcanjo São Miguel; devemos, portanto, acreditar firmemente que a luta atual terminará como outrora, com o socorro e a ajuda desse Arcanjo bendito" (São Miguel Arcanjo, p. 46).

O papa Pio XII fez duas falas importantes sobre São Miguel Arcanjo. Em 8 de maio de 1940, ele disse: "É urgente hoje, mais do que nunca, recordar a proteção de São Miguel, lembrando que ele é o protetor e defensor da Igreja e dos fiéis, o guardião do paraíso, o apresentador das almas junto de Deus, o Anjo da paz e o vencedor de satanás" (São Miguel Arcanjo, p. 46 e 47). E em 8 de maio de 1945, ele disse: "Soltai o estandarte do ilustre Arcanjo, repeti o seu grito: 'Quem é como Deus?'"

O papa Paulo VI, na solene inauguração da 2ª sessão do Concílio Vaticano II, em 29 de setembro de 1963, disse:

> Nós vos saudamos, diletíssimos Irmãos em Cristo, que chamamos de todas as partes do mundo, de todas as paragens até onde a santa Igreja Católica estende a sua organização hierárquica. Nós vos saudamos a vós que, aceitando o Nosso convite, acorrestes a celebrar juntamente conosco a segunda sessão do Concílio Ecumênico Vaticano segundo, a qual hoje – sob a égide do arcanjo São Miguel, celestial protetor do Povo de Deus – temos a alegria de inaugurar" (Site do Vaticano).

Vejamos agora alguns relatos do saudoso papa São João Paulo II. Em um discurso durante a bênção da estátua restaurada de São Miguel Arcanjo, no Castel Sant'angelo, em 29 de setembro de 1986, disse o seguinte:

> É com muita alegria que estou aqui, no dia da festa dos santos arcanjos Miguel, Gabriel e Rafael, por esta celebração significativa do retorno da famosa estátua de São Miguel Arcanjo no topo deste castelo, que leva seu nome. A evidência histórica de um culto prestado neste lugar ao Arcanjo Miguel nos leva muito para trás no tempo. Informações confiáveis atestam a existência, já desde a época do Papa Bonifácio IV [início dos anos 600], de uma capela dedicada ao seu culto e localizada na parte superior deste edifício. A intenção era, obviamente, confiar a cidade à proteção deste arcanjo, em quem o povo de Israel já via um guia seguro e que a Igreja de Cristo, a nova família de Deus, pudesse, portanto, continuar a invocar como um guardião celestial (Site do Vaticano).

Em outubro de 1981, na oração do Angelus, o papa João Paulo II recordou a força de São Miguel Arcanjo ao dizer:

> Miguel — quem como Deus? O nome do Arcanjo que celebramos semana passada, 29 de setembro, é um apelo, é um programa. É, num certo sentido, o primeiro programa do Reino de Deus, surgido na luta travada entre a escolha e a recusa de Deus na majestade da sua eterna santidade: Deus, que é Criador de tudo o que existe e, ao mesmo tempo, é Pai daquele que traz em si o sinal interior da Sua imagem e da Sua semelhança. O nome "Micha-el – quem como Deus?" contém em si a mais simples e também a mais plena motivação do programa do amor: do único amor a Deus sobre todas as coisas e do amor a todas as suas criaturas segundo a medida do bem que lhes é próprio (Site do Vaticano).

No entanto sua principal fala sobre São Miguel Arcanjo se deu no dia 24 de maio de 1987, ao visitar o Santuário de São Miguel Arcanjo, no Monte Gargano, na Itália. O texto é longo, mas vale a pena mergulhar em algumas partes do discurso para perceber sua profundidade. Disse o Papa:

> A este lugar, como já fizeram no passado tantos predecessores meus na Cátedra de São Pedro, vim também eu gozar um instante da atmosfera própria deste Santuário, feita de silêncio, de oração e de penitência; vim para venerar e invocar o Arcanjo São Miguel, para que proteja e defenda a Santa Igreja, num autêntico testemunho cristão, sem compromissos e sem acomodamentos.
> Desde quando o papa Gelásio I concedeu, em 493, o seu assentimento à dedicação da gruta das aparições do arcanjo São Miguel a lugar de culto e aqui realizou a sua primeira visita, concedendo a indulgência do "Perdão angélico", uma série de Romanos Pontífices seguiu os seus passos para venerar este lugar sagrado. Entre eles recordam-se Agapito I, Leão IX, Urbano II, Inocêncio II, Celestino III, Urbano VI, Gregório IX, São Pedro Celestino e Bento XV. Também numerosos Santos aqui vieram para haurir força e conforto. Recordo São Bernardo, São Guilherme de Vercelli, fundador da Abadia de Montevergine, São Tomás de Aquino, Santa Catarina de Sena; entre essas visitas, permaneceu justamente célebre e ainda hoje continua viva a que foi realizada por São Francisco de Assis, que veio aqui para preparar a Quaresma de 1221.

A tradição diz que ele, considerando-se indigno de entrar na gruta sagrada, ter-se-ia detido na entrada, gravando um sinal da cruz numa pedra. Essa viva e jamais interrompida frequência de peregrinos ilustres e humildes, que desde a alta Idade Média até os nossos dias fez deste Santuário um lugar do encontro, de oração e de reafirmação da fé cristã, diz quanto à figura do Arcanjo Miguel, que é protagonista em tantas páginas do Antigo e do Novo Testamento, é sentida e invocada pelo povo e que é apresentada na Bíblia como o grande lutador contra o Dragão, o chefe dos Demônios, conforme o Apocalipse 12.

O autor sagrado apresenta-nos nessa dramática descrição o fato da queda do primeiro Anjo, que foi seduzido pela ambição de se tornar "como Deus". Daqui a reação do Arcanjo Miguel, cujo nome hebraico "Quem como Deus?" reivindica a unicidade de Deus e a sua inviolabilidade.

Por mais fragmentárias que sejam, as notícias da Revelação sobre a personalidade e o papel de São Miguel Arcanjo são muitos eloquentes. Ele é o Arcanjo (cf. Jd 9) que reivindica os direitos inalienáveis de Deus. É um dos príncipes do Céu posto como guarda do Povo Eleito (cf. Dn 12,1), de onde virá o Salvador. Ora, o novo povo de Deus é a Igreja. Eis a razão pela qual ela o considera como próprio protetor e defensor em todas as suas lutas pela defesa e a difusão do reino de Deus na terra. É verdade que "as portas do inferno nada poderão contra ela", segundo a afirmação do Senhor (Mt 16,18), mas isso não significa que estamos isentos das provas e das batalhas contra as insídias do maligno. Nesta luta o Arcanjo Miguel está ao lado da Igreja para a defender contra as iniquidades do século, para ajudar os crentes a resistir ao Demônio que "anda ao redor, como um leão que ruge, buscando a quem devorar" (1Pd 5,8).

Essa luta contra o Demônio, a qual caracteriza a figura do Arcanjo Miguel, é atual também hoje, porque o demônio está vivo e operante no mundo. Com efeito, o mal que nele existe, a desordem que se verifica na sociedade, a incoerência do homem, a ruptura interior da qual é vítima não são apenas consequências do pecado original, mas também efeito da ação nefanda e obscura de satanás, deste insidiador do equilíbrio moral do homem, ao qual São Paulo não hesita em chamar "o deus deste mundo" (2Cor 4,4), enquanto se manifesta como encantador astuto, que sabe insinuar-se no jogo do nosso agir, para aí introduzir desvios tão nocivos, quanto às aparências conformes às nossas aspirações instintivas (arcanjomiguel.net).

Voltando nossa atenção agora para o papa Emérito Bento XVI, na Vigília Pascal de 2010, em sua homilia, ele falou de São Miguel a partir de escritos apócrifos do judaísmo. Segue sua fala:

> Uma antiga lenda judaica, tirada do livro apócrifo "A vida de Adão e Eva", conta que Adão, durante sua última enfermidade, teria mandado o filho Set, juntamente com Eva, à região do Paraíso buscar o óleo da misericórdia, para ser ungido com este e assim ficar curado. Aos dois, depois de muito rezar e chorar, à procura da árvore da vida, aparece o Arcanjo Miguel para dizer que não conseguiriam obter o óleo da árvore da misericórdia e que Adão deveria morrer. Mais tarde, os leitores cristãos adicionaram a essa comunicação do arcanjo uma palavra de consolação.
> O Arcanjo teria dito que, depois de 5.500 anos, viria o benévolo Rei Cristo, o Filho de Deus, e ungiria com o óleo de sua misericórdia todos aqueles que acreditassem nele.
> Um antigo escrito judaico pode ajudar-nos a ter uma ideia daquele processo misterioso que tem início em nós no Batismo. Nesse escrito se conta que o patriarca Henoc foi arrebatado até o trono de Deus. Mas ele se atemorizou à vista das gloriosas potestades angélicas e, em sua fraqueza humana, não pôde contemplar a Face de Deus. "Então Deus disse a Miguel – assim continua o livro de Henoc – Toma Henoc e tira-lhe as vestes terrenas. Unge-o com o óleo suave e reveste-o com vestes de glória!" E Miguel tirou minhas vestes, ungiu-me com óleo suave; este óleo possuía algo mais que uma luz radiosa... Seu esplendor era semelhante aos raios do sol. Quando me vi, eis que eu era como um dos seres gloriosos (Ph. Rech, Inbild des Kosmos, II 524).

Já em 2007, na festa dos Arcanjos, o papa Bento XVI, em sua homilia, disse:

> Sobre Miguel. Encontramo-lo na Sagrada Escritura, sobretudo no Livro de Daniel, na Carta do Apóstolo São Judas Tadeu e no Apocalipse. Desse Arcanjo, tornam-se evidentes nesses textos duas funções. Ele defende a causa da unicidade de Deus contra a soberba do dragão, da "serpente antiga", como diz João. É a perene tentativa da serpente de fazer crer aos homens que Deus deve desaparecer, para que eles

se possam tornar grandes; que Deus é um obstáculo para a nossa liberdade e que por isso devemos desfazer-nos dele. Mas o dragão não acusa só Deus. O Apocalipse chama-o também "o acusador dos nossos irmãos, que os acusava de dia e de noite diante de Deus" (12,10). [...] A outra função de Miguel, segundo a Escritura, é a de protetor do Povo de Deus (cf. Dn 10,13; 12,1) (Site do Vaticano).

Voltando a atenção agora para nosso atual Santo Padre, o papa Francisco, no início de seu pontificado, em julho de 2013, ao inaugurar nos jardins do Vaticano uma estátua de São Miguel Arcanjo, afirmou:

> Encontramo-nos aqui, nestes Jardins do Vaticano, para inaugurar um monumento dedicado ao Arcanjo São Miguel, padroeiro do Estado da Cidade do Vaticano. Nos Jardins do Vaticano existem diversas obras artísticas; mas esta, que hoje se acrescenta, assume um lugar de particular relevo. Miguel – que significa: "Quem é como Deus?" – é o campeão do primado de Deus, da sua transcendência e do seu poder. Miguel luta para restabelecer a justiça divina; defende o Povo de Deus dos seus inimigos e sobretudo do inimigo por excelência, o diabo. E São Miguel vence, porque nele é Deus que age. Então, disse o Papa, esta escultura recorda-nos que o mal é vencido, o acusador desmascarado e a sua cabeça esmagada, porque a salvação se realizou de uma vez para sempre no sangue de Cristo. Embora o diabo tente sempre ferir o rosto do Arcanjo e a face do homem, Deus é mais forte; a vitória é sua, e a sua salvação é oferecida a cada homem. No caminho e nas provações da vida não estamos sozinhos, mas somos acompanhados e amparados pelos Anjos de Deus que oferecem, por assim dizer, as suas asas para nos ajudar a superar muitos perigos, para podermos voar alto em relação àquelas realidades que podem pesar sobre a nossa vida ou arrastar-nos para baixo (Site do Vaticano).

E em 29 de setembro de 2017, em sua meditação matutina na Santa Missa celebrada na Capela da Casa Santa Marta, afirmou o Santo Padre, Papa Francisco:

> Começando por "Miguel — o grande Miguel — aquele que combate o demônio", explicou o Papa referindo-se ao trecho do Apocalipse

12 proposto pela liturgia e sublinhando: Por fim, quando o dragão combatia contra Miguel, quando foi vencido, o texto diz o seguinte: "O grande Dragão, a primitiva serpente, chamado demônio e satanás, o sedutor do mundo inteiro foi precipitado na terra". O demônio, disse o Papa, é o nosso inimigo e esta é uma visão do fim do mundo, mas ao mesmo tempo incômoda na nossa vida: procura sempre nos seduzir, como seduziu a nossa mãe Eva, com argumentos convincentes: "Come o fruto, vai fazer-te bem, vai fazer-te conhecer muitas coisas". E assim começa, como faz a serpente, a seduzir, e depois, quando caímos, acusa-nos diante de Deus: "É um pecador, é meu!"
E Miguel combate contra ele. O Senhor pede-lhe para lhe fazer a guerra... para nós que estamos a caminho, nessa nossa terra, rumo ao céu, Miguel ajuda-nos a combatê-lo, a não nos deixar seduzir por este espírito maligno, que nos engana com a sedução. Precisamente por esta razão hoje agradeçamos a São Miguel esta luta que faz pela Igreja e por cada um de nós, e peçamos-lhe que continue a defender-nos (Site do Vaticano).

Depois de vermos a fala de tantos Papas atestando o valor da devoção a São Miguel Arcanjo e seu poder intercessor em nossa vida, vamos voltar nosso olhar para alguns santos. Iniciemos por São Francisco de Assis, aquele que criou a Quaresma de São Miguel Arcanjo.

Um trecho do livro *"Vida segunda: devoções particulares do santo"*, escrito por Tomás Celano, que conviveu como confrade de São Francisco, diz o seguinte:

Tinha a maior veneração pelos anjos, que estão conosco no combate e caminham a nosso lado por entre as sombras da morte. Dizia que esses companheiros devem ser reverenciados em toda a parte e que devemos invocá-los como nossos guardas. Mas muitas vezes dizia que devemos honrar de maneira toda especial São Miguel, porque é o encarregado de apresentar as almas ao julgamento. Em honra de São Miguel, fazia uma quaresma de jejuns desde a festa da Assunção até o seu dia. E dizia que, "em honra de tão importante príncipe, dever-se-ia oferecer a Deus algum louvor ou algum dom especial" (Vida segunda: devoções particulares do santo).

São Boaventura, reconhecido como Doutor da Igreja, no livro "Legenda Maior", diz o seguinte:

> Era mais devoto, por um especial amor, do bem-aventurado Miguel Arcanjo, porque tinha o encargo de representar as almas. Isso pelo zelo fervoroso que tinha pela salvação das almas (São Boaventura: Legenda Maior, IX, 3).

Também encontramos nas Fontes Franciscanas, de compilações do Santo, o seguinte:

> Certa ocasião, o bem-aventurado Francisco foi ao eremitério do Monte Alverne; e como o lugar era muito afastado, ele gostou tanto que quis fazer aí a quaresma em honra de São Miguel. Pois fora para lá antes da festa da Assunção da gloriosa Virgem Maria e contou os dias desde a festa de santa Maria até a festa de São Miguel, eram quarenta dias. E disse: "Em honra de Deus e da bem-aventurada Virgem Maria, sua mãe, e do bem-aventurado Miguel, príncipe dos anjos e das almas, quero fazer aqui uma quaresma" (Fontes Franciscanas: Fontes Biográficas, Compilação de Assis).

Outro santo muito devoto de São Miguel Arcanjo é São Padre Pio. Em 2010, o professor de sociologia no Pontifício Ateneu Regina Apostolorum, em Roma, Vicenzo Comodo, organizou uma exposição fotográfica itinerante para retratar a devoção que Padre Pio tinha a São Miguel Arcanjo. Sobre a intenção da amostra, disse o professor: "É menos conhecida a devoção ardente que ele tinha pelo Príncipe dos Anjos, São Miguel. Uma devoção que, durante a vida dele, assumiu os contornos de uma relação muito especial" (pt.zenit.org).

Segundo Vicenzo, Padre Pio costumava dizer para todos os seus devotos: "Vão cumprimentar São Miguel e se colocar sob a proteção dele" (pt.zenit.org). E mais, segundo o professor:

> desde criança, o Padre Pio se beneficiou de sua companhia. Porque na luta contra Satanás e seu exército do mal, ele sempre recebeu a ajuda de São Miguel, que era o guia dele para anunciar a verdade

do Ressuscitado e para desmascarar a mentira, que o diabo está sempre espalhando pelo mundo para a destruição das almas. Por essas razões, ele queria que o arcanjo fosse conhecido como uma expressão do amor infinito de Deus, um exemplo superlativo de fé absoluta no Todo-Poderoso, especialmente para seus devotos e filhos espirituais (pt.zenit.org).

Pouco conhecida em nossos dias, mas de tamanha importância para a devoção a São Miguel Arcanjo, a serva de Deus Antônia de Astônaco recebeu revelações privadas do Arcanjo em 1750, em Portugal. Tendo como base essa revelação privada, São Miguel Arcanjo teria pedido que fosse honrado, e Deus glorificado, por meio da recitação de nove invocações.

Essa aparição deu a volta ao mundo por meio da célebre "Coroa de São Miguel Arcanjo e dos 9 Coros dos Anjos", com promessas salutares para vida e para a morte. Essa devoção foi propagada em vários idiomas, aprovada pelos respectivos bispos diocesanos e, de modo especial, pelo papa Pio IX, sábio e santo, que a enriqueceu de indulgências em 8 de agosto de 1851.

Blas Piñar, em seu livro, "Tempo dos Anjos", diz:

> No livro 2º, Capítulo 74, da vida da Serva de Deus Antônia de Astônaco, lê-se que, em uma aparição a esta ilustre Serva de Deus, o Arcanjo São Miguel pediu que se compusesse em sua honra nove saudações, correspondendo aos nove coros dos Anjos; saudações que consistem, cada uma, na recitação de um Pai-nosso e três Ave-Marias. O glorioso Arcanjo prometeu que quem o honrasse dessa maneira antes da Sagrada Comunhão seria acompanhado à Sagrada Mesa por um Anjo de cada um dos nove coros. Prometeu também a quem rezasse todos os dias essas nove saudações sua assistência e a dos santos Anjos durante sua vida, e que depois da morte o livrará do Purgatório a ele e a seus parentes.

Santo Antônio Maria Claret, fundador dos Missionários Filhos do Coração de Maria (claretianos), afirmava que: São Miguel Arcanjo representa a luta do bem contra os poderes infernais. Por isso fundou a Academia São Miguel, para regenerar cristãmente toda a sociedade, e colocou sob a proteção do Príncipe da Milícia Celeste a Livraria Religiosa e a Congregação missionária que fundou (Os Santos Anjos, nossos Celestes Protetores, p. 53).

Entre os santos que nutriam devoção a São Miguel Arcanjo, existem dois que narram experiências de pessoas de seu convívio com o Arcanjo no momento da morte. Santo Anselmo é um deles. Ele contou em seus escritos que:

> Certa vez, um piedoso religioso foi tentado por Satanás nos seus últimos instantes de vida, que o acusou de todos os pecados que havia cometido antes do seu batizado – que aconteceu quando adulto. Porém, no mesmo instante, São Miguel Arcanjo veio em defesa do religioso dizendo àquele Anjo do mal que tais pecados haviam sido apagados no momento do seu Batismo.

Santo Afonso de Ligório, fundador dos Missionários Redentoristas, era muito devoto de São Miguel Arcanjo, chegando a exigir que em todas as casas redentoristas tivesse uma imagem desse Arcanjo como sinal de proteção divina. Há um episódio interessante de sua vida, no qual ele identifica São Miguel Arcanjo como defensor dos agonizantes. Ele testemunhou a graça da conversão de um homem polonês, da nobreza, cuja vida era um mar de pecados, longe de Deus. Esse homem estava já desfalecido, com o coração em desespero pela morte que se aproximava, quando recebeu a visita de São Miguel Arcanjo – a quem nutria uma discreta devoção.

O Arcanjo incentivou aquele homem ao arrependimento de seus pecados. Santo Afonso narra que São Miguel Arcanjo disse ao moribundo que havia intercedido por ele junto a Deus para que tivesse mais um tempo de vida a fim de procurar alcançar a salvação eterna. Em seguida, dois sacerdotes chegaram ao local contando que um jovem – supostamente São Miguel Arcanjo – havia lhes aparecido e pedido que fossem ver aquele doente. O homem pôde, então, confessar-se, manifestando o sincero arrependimento. Ele recebeu a Santa Comunhão e, em seguida, morreu em paz.

Assim, meus irmãos, finalizando este capítulo, pudemos perceber a riqueza da devoção a São Miguel Arcanjo, profundamente enraizada na vida de nossa Igreja, por meio do testemunho dos Papas e dos Santos.

Como exercício espiritual, convido você a rezar com elementos da Quaresma de São Miguel Arcanjo, que você encontra neste livro na página 67. A ladainha de São Miguel Arcanjo contida na Quaresma é belíssima, bem como a consagração.

No próximo capítulo, vamos debruçar-nos na luta de São Miguel contra o demônio, de Apocalipse 12, procurando entender como aconteceu esse combate no céu.

5
A luta de São Miguel contra o demônio
(Ap 12)

Dando continuidade ao estudo sobre São Miguel Arcanjo, para que nossa devoção a tão poderoso defensor seja enraizada na Sagrada Escritura, no Magistério da Igreja e na Tradição, vamos, neste capítulo, debruçar-nos sobre o livro do Apocalipse, escrito pelo evangelista e apóstolo João. Nesse texto sagrado, ele relata uma batalha no céu entre os anjos.

> "Houve então uma batalha no céu: Miguel e seus anjos guerrearam contra o Dragão. O Dragão lutou, juntamente com seus anjos, mas foi derrotado; e eles perderam seu lugar no céu. Assim, foi expulso o grande Dragão, a antiga Serpente, que é chamado Diabo e Satanás, o sedutor do mundo inteiro. Ele foi expulso para a terra, e seus anjos foram expulsos com ele" (Ap 12,7-9).

É importante pontuarmos alguns detalhes antes de entrarmos na interpretação do texto em si. O livro do Apocalipse, atribuído ao apóstolo João, foi escrito por volta do ano 100 d.C., em um período de perseguição aos cristãos. Nesse livro, João faz uso de um gênero literário chamado de "literatura apocalíptica", própria de seu tempo, que buscava falar da realidade por meio de uma linguagem simbólica.

A grande mensagem do livro é a esperança. Mesmo vivendo em um tempo de perseguição, em que muitos cristãos estavam sendo presos, torturados e mortos, a vitória do Cordeiro de Deus era certa.

O Cardeal Tarcisio Bertone, em discurso proferido por ocasião da exposição sobre o livro do Apocalipse, disse o seguinte:

> Portanto o Apocalipse não é, como muitas vezes se considera, o inquietante anúncio de um fim catastrófico pelo caminho da humanidade, mas a grandiosa proclamação da falência das forças infernais e do mistério de Cristo morto e ressuscitado como salvação para a história e para o cosmos (Cardeal Tarcisio Bertone, em discurso proferido em 18 de outubro de 2007).

Importa ressaltar também que essa batalha aconteceu em um tempo não cronológico, por isso não é correto querer determinar um ano específico na história em que ela tenha ocorrido. Também não podemos pensar que aconteceu como em uma guerra humana, a partir do imaginário que temos do que seja uma guerra ou, até mesmo, de uma luta, pois o autor usa de palavras humanas para descrever realidades celestiais.

É importante ressaltar que os anjos são criaturas divinas, como vimos no primeiro e no segundo capítulos deste livro. Ou seja, são criados por Deus, "por sua natureza inteiramente espiritual, os anjos encontram-se entre Deus e os homens, entre o Infinito e os seres compostos de matéria e espírito" (Dicionário de Espiritualidade). Assim, eles possuem a liberdade de amar ou de rejeitar a Deus, como nós também a possuímos.

Por isso o Catecismo da Igreja Católica diz o seguinte: "O Diabo e os outros demônios foram por Deus criados bons, em sua natureza, mas se tornaram maus por sua própria iniciativa" (CIC, p. 391).

Então podemos nos perguntar: o que aconteceu para que esses anjos se rebelassem contra Deus?

A Tradição da Igreja ensina, assim como os padres exorcistas relatam, que o demônio não suportava certos eventos do Plano Salvífico de Deus, entre eles a Encarnação do Verbo de Deus, o aniquilamento de Cristo na Cruz e a primazia da Virgem Maria entre as criaturas.

Como aceitar que Deus assumisse a condição humana, considerada inferior? Como aceitar que Deus morresse? Como aceitar que Deus elevasse a natureza humana a uma condição divina? Como aceitar que Deus honrasse uma mulher, de natureza humana, para ser a Mãe de Deus? Tudo isso motivou a revolta de alguns anjos.

Assim, podemos dizer que, em determinado momento, tais anjos, liderados por Lúcifer, revoltam-se contra Deus e iniciam uma batalha no céu. A partir daí, surge a figura de Miguel, o Arcanjo Miguel.

O padre exorcista espanhol, José Antonio Fortea, no livro "História do mundo dos anjos", destrincha esse impressionante evento, colocando a rica teologia angélica dentro de uma obra literária. Para explicar por que São Miguel, mesmo sendo de uma hierarquia inferior, é aclamado como *"príncipe da milícia celeste"*, ele coloca na boca de um anjo a seguinte narração:

> Dentre os anjos fiéis a Deus, no meio de todas essas lutas, houve um que se destacou. Não se tratava de um anjo superior, mas seu amor era superior. Foi ele quem manteve mais viva a chama da fidelidade nos piores momentos da batalha, quando tudo estava escuro e parecia que a metade dos anjos iria se rebelar. Foi destacado no bem e sua fé iluminou a muitos. Foi ele quem no momento mais escuro, na hora mais terrível em que as multidões começaram a duvidar, no meio do inicial silêncio geral, gritou: Quem como Deus!
> Foi assim que ele passou a ser chamado: Mika-El, Miguel, o lutador infatigável e invencível.
> Miguel continuava a se destacar como guerreiro. A luz de seu veemente amor iluminou a muitos que estavam confusos. Seu amor ar-

rebatador derrubou a muitos que lutavam em favor do erro. Inclusive, aqueles que combatiam com Lúcifer reconheciam que nenhum dardo envenenado com suas razões poderia penetrar a couraça de sua fé inquebrantável. No meio da dúvida, ele foi imbatível.

Miguel conhecia melhor a Deus que os inteligentes, porque ele amava mais. Por essa razão, aqueles que foram ao seu encontro tiveram de recuar (pt.aleteia.org).

O texto bíblico diz que o demônio e seus anjos seguidores foram expulsos para a terra. Ou seja, ele está aqui em nosso meio. No entanto, aqui na terra, o demônio não pode mais lutar diretamente contra Deus, por isso ele passou a atacar os filhos de Deus, pois sabe que, quando ele tira um filho de Deus do caminho da salvação, ele, de certa forma, machuca o coração de Deus.

Por isso Deus concedeu a Miguel a missão de continuar a luta contra o demônio, porém agora sendo nosso defensor, ajudando-nos a não cairmos nas ciladas desse grande inimigo de Deus.

O papa Francisco, em sua homilia da Missa rezada em 3 de outubro de 2015, disse o seguinte sobre o livro do Apocalipse:

> A primeira leitura tem início com uma palavra forte: "Explodiu uma guerra no Céu". E em seguida é descrita como a guerra final, a última guerra, a guerra do fim. É a guerra entre os anjos de Deus, guiados por São Miguel contra Satanás, a serpente antiga, o diabo. É a última e nela acaba tudo, permanecendo só a paz eterna do Senhor com todos os seus filhos que foram fiéis. Mas, durante toda a história, esta guerra é feita todos os dias: no coração dos homens e das mulheres, no coração dos cristãos e dos não cristãos... É a guerra entre o bem e o mal na qual devemos escolher o que queremos, o bem ou o mal (Site do Vaticano).

Assim, o Papa nos recorda que essa luta não acabou naquele momento, mas continua em nossos dias atuais. Ainda dentro dessa perspectiva da luta diária, na mesma santa Missa, o papa Francisco disse:

Na oração inicial, na Coleta, pedimos a graça de sermos defendidos pelo Arcanjo Miguel contra as "ciladas" do demônio, do diabo. Este é um dos métodos do diabo: as ciladas. É um semeador de intrigas, de suas mãos nunca é lançada uma semente de vida, de unidade, sempre de intrigas, ciladas: é seu método semear intrigas. Rezemos ao Senhor para que nos proteja disso.

Sabemos que nossa vida aqui na terra é uma constante luta. Essa guerra, narrada no livro do Apocalipse, continua aqui em nosso meio. Por isso devemos continuamente pedir a intercessão de São Miguel Arcanjo, a fim de sermos defendidos por ele, para sairmos vitoriosos com Deus. Estejamos atentos às ciladas que o inimigo de Deus quer colocar em nossa vida. E são muitas! Trata-se de uma luta diária, por isso devemos contar com a ajuda e a intercessão de São Miguel Arcanjo. Lembremo-nos sempre de que ele é nosso defensor junto de Deus.

Como exercício espiritual, convido você a rezar, com o texto do Apocalipse 12, e contemplar suas constantes lutas. Peça a São Miguel Arcanjo que esteja sempre a seu lado, defendendo-o das ciladas do inimigo.

No próximo capítulo, vamos tratar sobre como podemos fortalecer essa nossa devoção ao poderoso Arcanjo Miguel, principalmente com o uso do escapulário e a oração da Quaresma de São Miguel Arcanjo.

6
Vivendo práticas devocionais a São Miguel Arcanjo

Neste último capítulo, quero ajudar você a colocar em prática a devoção a São Miguel Arcanjo, a partir de práticas autorizadas pela Igreja, provadas pelo tempo e que têm feito muito bem ao povo de Deus.

1. O Escapulário de São Miguel

A primeira prática apresentada é o Escapulário de São Miguel Arcanjo. Mas o que é um escapulário e qual sua história?

A palavra "escapulário" vem de escápula, ou, em uma forma mais simples, a região dos ombros. A origem do uso do escapulário se deu com a Ordem dos Irmãos da Bem-Aventurada Virgem Maria do Monte Carmelo, ou como são conhecidos mundialmente, os Carmelitas. A ordem nasceu no século XI, mas em 1251, após uma perseguição em Israel, e já estabelecida na Europa, porém sofrendo pela falta de aceitação da parte da sociedade, São Simão Stock, que era o Superior da Ordem, pediu a Nossa Senhora um sinal que atestasse sua proteção na vida da Ordem e na vida do povo de Deus. Ele ainda pediu que esse sinal fosse visível a seus inimigos. Foi, então, que ele teve uma visão de Nossa

Senhora, que lhe apresentou o escapulário e lhe disse que quem o usasse seria protegido da perdição final. Esse seria o sinal de sua aliança com seus filhos e de proteção dos perigos.

Dessa forma, os Carmelitas iniciaram o uso do escapulário, que, até então, era um tecido que passava de um lado ao outro do corpo, sobre os ombros, usado sobre o hábito dos freis. Desde então, esse sinal gerou conversões, milagres e proteções espetaculares.

Esses fatos deram notoriedade ao uso do escapulário, que passou por uma adaptação em seu tamanho, sendo diminuído para que todos pudessem ter acesso a ele. Na prática, a disposição do escapulário passou a ser a seguinte: duas flâmulas de pano marrom, com as imagens do Sagrado Coração de Jesus e de Nossa Senhora do Carmo, ligadas por um cordão, usado por debaixo da roupa.

Depois, outros escapulários foram surgindo, a partir de outras devoções, e o tamanho também foi diminuindo, até chegarmos hoje a modelos que se parecem com um cordão de pescoço.

O importante é perceber no escapulário um sinal de devoção, como um lembrete de que devemos caminhar à luz dos ensinamentos do cristianismo e recordar que Deus se faz presente em nossa vida, protegendo e abençoando a todos nós.

O Escapulário de São Miguel Arcanjo surgiu no final dos anos 1800. Especificamente em 1878, quando surgiu uma confraria em honra a São Miguel Arcanjo, na Igreja de Santo Eustáquio, em Roma. No ano seguinte, outra confraria da mesma natureza surgiu na Igreja de Sant'Angelo, em Pescheria. Atento a essa realidade, o papa Leão XIII, devoto de São Miguel, como vimos anteriormente, elevou essas confrarias a uma categoria de Arquiconfraria do Escapulário de São Miguel, em 1880. O ritual de bênção e imposição desse escapulário foi aprovado pela Congregação dos Ritos, em 23 de agosto de 1883.

O aspecto do Escapulário de São Miguel se difere por ter a flâmula em formato de escudo. Os dois segmentos são de tecido, sendo um em cor azul e o outro em cor preta, e as cordas também em azul e preto. Ambas as porções do escapulário contêm a representação conhecida do Arcanjo Miguel dominando o dragão, com a inscrição: "Quis ut Deus" – Quem como Deus?

A bênção e imposição do escapulário pode ser feita por qualquer sacerdote, seguindo a fórmula que consta na Sagrada Congregação dos Ritos, e que você encontra no final deste capítulo. Pode e deve ser usado diariamente, por debaixo da roupa, como sinal de que nos confiamos à proteção do Arcanjo.

2. A Quaresma de São Miguel

O segundo devocional que apresentamos a você é a Quaresma de São Miguel Arcanjo. Como vimos anteriormente, ela foi criada por São Francisco de Assis, em 1224. Ele considerava a Festa de São Miguel Arcanjo tão importante que decidiu fazer um tempo de preparação para esse dia, a partir da Assunção de Maria, tempo esse que ele chamou de Quaresma. Lembrando que foi dentro de uma Quaresma de São Miguel que São Francisco recebeu os estigmas da Paixão de Cristo. Isso nos faz pensar o quão forte e intenso é esse tempo de oração.

O início da Quaresma de São Miguel se dá em 15 de agosto, Festa da Assunção de Maria. Apesar de no Brasil essa festividade não acontecer sempre no mesmo dia, vale a pena manter a data. Finalizamos a Quaresma no dia 28 de setembro, um dia antes da Festa do Arcanjo Miguel. Por que não no dia 29? Porque esse é o dia da Festa; é dia de celebrar com fé e devoção. A Quaresma, por sua vez, é tempo de preparação para a Festa. E, se contarmos os dias, entre 15 de agosto e 28 de setembro, somam-se 45 dias. Mas não são 40? Então, a Quaresma é um tempo de preparação, não necessariamente 40 dias exatos, cronológicos, mas é certo que devemos fazer todos os dias, incluindo os domingos.

Para viver bem a Quaresma de São Miguel Arcanjo é sugerido que se siga um breve roteiro: faça as orações diariamente; reze sempre a oração proposta, diante de uma imagem de São Miguel Arcanjo; para esse momento de oração, acenda uma vela, de preferência abençoada.

O importante é ter disciplina e manter-se perseverante nessa oração, todos os dias. Parece ser simples, mas o tempo é longo, e, se não estivermos atentos, facilmente deixamos de lado essa prática.

Por ser um tempo forte de oração, pede-se que se faça algum tipo de penitência. E você pode também ter uma intenção especial durante a Quaresma. Vivendo direitinho esse tempo de oração, você consegue preparar-se bem para a Festa do Arcanjo Miguel, em 29 de setembro.

Agora, eu gostaria de refletir com você sobre alguns pontos das orações que fazemos dentro da Quaresma de São Miguel Arcanjo.

Após o sinal da cruz, rezamos uma oração inicial, aquela do papa Leão XIII, conhecida como "Pequeno Exorcismo de Leão XIII". Em seguida, rezamos a Ladainha de São Miguel Arcanjo, que é belíssima, por sinal. Mas o que vem a ser uma ladainha?

A palavra "ladainha" vem do grego "litaneia" que significa "oração pública". Trata-se de uma oração breve e insistente em forma de responsório, em que se responde às invocações com uma aclamação, que geralmente é "rogai por nós". O Cristianismo herdou essa forma de rezar da liturgia das sinagogas, muito difundida no Antigo Testamento (cf. Dn 3,52-90). "O 'rogai por nós', repetido inúmeras vezes nas ladainhas, é dito em tom de invocação, ou seja, rezando estamos trazendo para perto de nós a lembrança de alguém que amamos, que foi importante ou que alcançou a graça da santidade" (Pe. Maciel M. Claro).

Existem vários "tipos" de ladainha. A mais conhecida é a de Todos os Santos, mas a devoção popular fez criar outras ladainhas, dedicadas a Nossa Senhora, ao Sagrado Coração de Jesus, ao Santíssimo nome de Jesus, a São José, e entre tantas outras, temos a de São Miguel Arcanjo. Todas elas possuem em comum a ideia de intercessão e súplica.

Na Ladainha de São Miguel Arcanjo, temos várias súplicas, vejamos:

São Miguel, cheio da graça de Deus, perfeito adorador do Verbo Divino, coroado de honra e de glória, poderosíssimo Príncipe dos exércitos do Senhor, porta-estandarte da Santíssima Trindade, guardião do Paraíso, guia e consolador do povo israelita, esplendor e fortaleza da Igreja militante, honra e alegria da Igreja triunfante, luz dos Anjos, baluarte dos Cristãos, força daqueles que combatem pelo estandarte da Cruz, luz e confiança das almas no último momento da vida, socorro muito certo, nosso auxílio em todas as adversidades, arauto da sentença eterna, consolador das almas que estão no Purgatório, a quem o Senhor incumbiu de receber as almas que estão no Purgatório, nosso Príncipe e nosso Advogado.

Ao rezarmos essa ladainha, reconhecemos que São Miguel Arcanjo é cheio da graça de Deus, que no céu ele é honrado de glória e que adora o Verbo Divino. Quanta graça paira sobre nosso Anjo Protetor!

Pelos textos bíblicos, sabemos que ele é o poderosíssimo príncipe dos exércitos do Senhor, o guardião do Paraíso, aquele a quem Deus ordenou ser luz e confiança das almas no último momento da vida e de conduzi-las a Deus. Enfim, são muitos os adjetivos e atributos que honram São Miguel Arcanjo ou que definem sua missão ressaltados na ladainha. Gosto de todas essas frases da ladainha, mas duas, em particular, chamam mais minha atenção, quando estou rezando: "São Miguel Arcanjo, socorro muito certo" e "São Miguel Arcanjo, nosso auxílio em todas as adversidades". Essas duas frases se complementam dentro do mesmo sentido. Ele é um socorro certo, alguém com quem podemos contar, por isso é nosso auxílio em todas as adversidades. Em todas, e não somente em algumas. Quantas adversidades enfrentamos na vida, diariamente! Sabemos que contamos com sua presença e proteção.

Dentro da estrutura da Quaresma, além da ladainha e da consagração, temos algumas orações intercaladas, dirigidas a São Miguel Arcanjo e a Deus. Essas orações são de súplica.

A São Miguel Arcanjo pedimos "dignai-vos livrar-nos de todos os males, nós todos que recorremos a vós com confiança, e fazei pela vossa incomparável proteção que adiantemos cada dia mais na fidelidade em servir a Deus".

E a Deus suplicamos: "Deus, todo-poderoso e eterno, tornai-nos dignos, nós vo-lo pedimos, de sermos preservados de todos os nossos inimigos..."

Assim, rezando a Quaresma de São Miguel Arcanjo, exaltamos o Arcanjo Miguel em suas virtudes e missões e elevamos orações de súplicas a ele e a Deus. Se mergulharmos em cada frase, se meditarmos com cada momento dessa Quaresma, fazemos um profundo momento de oração, que deixa de ser "mecânico" e passa a ser "dialogal".

Por fim, a Quaresma de São Miguel Arcanjo finaliza com a Consagração a ele. Vamos rezar juntos?

> Ó Príncipe nobilíssimo dos Anjos, valoroso guerreiro do Altíssimo, zeloso defensor da glória do Senhor, terror dos espíritos rebeldes, amor e delícia de todos os Anjos justos, meu diletíssimo Arcanjo São Miguel: desejando eu fazer parte do número dos vossos devotos e servos, a vós hoje me consagro, eu me dou, eu me ofereço e ponho-me a mim próprio, a minha família e tudo o que me pertence, debaixo da vossa poderosíssima proteção.
>
> É pequena a oferta do meu serviço, sendo como sou um miserável pecador, mas vós engrandecereis o afeto do meu coração. Recordai-vos que de hoje em diante estou debaixo do vosso sustento e deveis assistir-me em toda a minha vida e obter-me o perdão dos meus muitos e graves pecados, e a graça de amar a Deus, meu Salvador, de todo o coração, e a minha Mãe Maria Santíssima. Obtende-me aqueles auxílios que me são necessários para obter a coroa da eterna glória.
>
> Defendei-me dos inimigos da alma, especialmente na hora da morte. Vinde, ó príncipe gloriosíssimo, assistir-me na última luta e com a vossa arma poderosa lançai para longe, precipitando, nos abismos do inferno, aquele anjo quebrador de promessas e soberbo que um dia prostrastes no combate no Céu.
>
> São Miguel Arcanjo, defendei-nos no combate para que não pereçamos no supremo juízo. Amém.

Veja como essa frase é forte:

> *"Desejando eu fazer parte do número dos vossos devotos e servos, a vós hoje me consagro, eu me dou, eu me ofereço e ponho-me a mim próprio, a minha família e tudo o que me pertence, debaixo da vossa poderosíssima proteção."*

Nossa consagração a São Miguel Arcanjo se expande a nossos familiares e empreendimentos também. Por isso essa consagração pode ser feita diariamente e não somente no período da Quaresma de São Miguel Arcanjo.

3. Coroa de São Miguel

Por fim, o terceiro devocional que quero apresentar-lhes é a Coroa de São Miguel Arcanjo, também conhecida como Rosário de São Miguel. Já vimos anteriormente a história da Serva de Deus, Antônia de Astônaco. Ela teve visões particulares de São Miguel Arcanjo, que lhe pediu que fosse rezada uma coroa em honra dele e para a glória de Deus, fazendo menções e súplicas aos nove coros dos anjos.

A Coroa é composta das seguintes orações: em cada uma das nove invocações a São Miguel e ao Coro dos Anjos, rezam-se um Pai-nosso, três Ave-Marias e um Glória. Ao término das nove invocações, rezam-se quatro Pai-nossos dedicados a São Gabriel, São Miguel, São Rafael e ao Anjo da Guarda. Por fim, rezam-se as mesmas orações que se faz na Quaresma de São Miguel, uma dirigida a São Miguel Arcanjo e outra dirigida a Deus.

Gostaria ainda de apresentar a vocês a Irmandade de São Miguel Arcanjo, criada na Basílica de São Miguel Arcanjo, com a autorização de nosso Bispo Diocesano, aberta para qualquer devoto desse Arcanjo, de qualquer lugar do Brasil e do mundo.

Ao ingressar na Irmandade, você receberá a fita da Irmandade, para ser usada durante as Missas, o escapulário de São Miguel Arcanjo para uso diário, a coroa de São Miguel para rezar sempre que possível e um certificado da Irmandade.

Caso você se interesse em fazer parte dessa Irmandade, entre em contato com a Basílica de São Miguel Arcanjo para mais informações.

Assim, finalizamos este capítulo apresentando a você caminhos de orações devocionais a São Miguel Arcanjo para fortalecer sua amizade com nosso Anjo Protetor. Lembrando que essas práticas não excluem o principal ato de fé que devemos viver: a Santa Missa – dominical por preceito ou diária por amor.

Conclusão

Este livro, em sua simplicidade, traz alguns elementos da devoção a São Miguel Arcanjo, para lhe dar maior conhecimento dessa preciosidade para a Igreja.

No primeiro capítulo, conceituamos os anjos a partir da Tradição, sendo iluminados pela Sagrada Escritura. Os anjos são seres espirituais, não corporais, presentes na vida e na história do povo de Deus, com referências bíblicas no Antigo e no Novo Testamento. A grande missão deles no tempo presente é nos defender e nos ajudar na realização do Reino de Deus, anunciado por Jesus Cristo.

A hierarquia dos Anjos foi tratada no segundo capítulo. Vimos que existe uma diversidade de anjos, apresentados na Sagrada Escritura, a partir de nomenclaturas distintas. Vimos também que São Tomás de Aquino dividiu os nove coros dos anjos em três hierarquias, demonstrando em cada uma delas a função específica de cada anjo.

O terceiro capítulo tratou de São Miguel Arcanjo po meio da Sagrada Escritura. Em diversos textos, pudemos perceber a presença defensora dele na vida do povo de Deus. Foi-nos possível, ainda, compreender sua missão específica de nos defender não somente durante nossa vida terrena, mas também no momento de nossa morte.

A devoção a São Miguel Arcanjo foi atestada por diversos Papas e Santos da Igreja. Assim, no quarto capítulo, pudemos perceber a riqueza da Tradição fazendo referência ao Arcanjo Miguel.

No quinto capítulo, debruçamo-nos sobre o texto bíblico de Apocalipse 12,7-9. Nele está descrita essa batalha entre o bem e o mal. São Miguel Arcanjo sai em defesa de Deus e expulsa Lúcifer e seus seguidores para a terra. Por isso recebe de Deus a missão de continuar nos defendendo contra as ciladas do demônio.

Por fim, no sexto capítulo, apresentamos as principais orações devocionais a São Miguel Arcanjo, retratando sua história e importância, para que você possa praticá-las e crescer na devoção a nosso Anjo Protetor.

Espero ter ajudado você neste caminho espiritual. Agradeço-lhe ter dispensado seu precioso tempo para a leitura deste livro.

Rogo a São Miguel Arcanjo que defenda você nos combates da vida! Deus abençoe você, em nome do Pai e do Filho e do Espírito Santo. Amém.

Orações

Bênção e imposição do escapulário de São Miguel Arcanjo do Ritual Romano

(O fiel dobra os joelhos, e o Sacerdote, tendo nas mãos o Escapulário, diz...)

V. O nosso auxílio está no nome do Senhor,
R. que fez o céu e a terra.
V. O Senhor esteja convosco.
R. Ele está no meio de nós.

Oremos: Deus eterno e todo-poderoso, que vos dignais em defender a vossa Igreja por meio de São Miguel Arcanjo contra as perversidades diabólicas: nós vos pedimos suplicantes que abençoeis † e santifiqueis † este sinal, para que ele desperte e alimente entre vossos fiéis e naqueles que o portarem a devoção, estabelecida em tão poderoso patrono. Fortalecei-os com o auxílio do mesmo Arcanjo e concedeis que eles superem os inimigos da alma e do corpo, nesta vida e na hora da morte. Por Cristo nosso Senhor.

(Asperge o escapulário com água benta; em seguida o impõe, dizendo...)

V. Recebe, irmão (irmã), o escapulário de São Miguel Arcanjo, que ele, continuamente te assistindo, dê a ti forças para conduzir-te a uma vida santa.
R. Amém.

Oremos: Ouvi propício, Senhor, nós vos pedimos, nossas preces e digneis abençoar † este vosso servo (esta vossa serva) confiado(a) à proteção especial de São Miguel; de modo que, por sua intercessão, possa vos agradar até não querer mais, evitando e impedindo o pecado, e mereça, estando a vosso serviço, obter sua santificação e dos demais irmãos. Por Cristo nosso Senhor.

R. Amém.

Quaresma de São Miguel Arcanjo

Para se preparar para esta Quaresma é necessário:
- Acender uma vela abençoada diante de uma imagem ou estampa de São Miguel;
- Oferecer uma penitência durante os 40 dias;
- Fazer o sinal da cruz;
- Rezar todos os dias: oração inicial, ladainha de São Miguel e consagração a São Miguel. Se desejar, pode rezar também o Rosário de São Miguel.

Oração inicial
São Miguel Arcanjo, defendei-nos no combate, sede nosso refúgio contra as maldades e as ciladas do demônio. Ordene-lhe Deus, instantemente o pedimos, e vós, príncipe da milícia celeste, pelo divino poder, precipitai no inferno a satanás e a todos os espíritos malignos, que andam pelo mundo para perder as almas. Amém.

Sacratíssimo Coração de Jesus, tende piedade de nós! (3x)

Ladainha de São Miguel
Senhor, tende piedade de nós.
Jesus Cristo, tende piedade de nós.
Senhor, tende piedade de nós.
Jesus Cristo, ouvi-nos.
Jesus Cristo, atendei-nos.
Pai Celeste, que sois Deus, tende piedade de nós.
Filho, Redentor do Mundo, que sois Deus, tende piedade de nós.
Espírito Santo, que sois Deus, tende piedade de nós.
Trindade Santa, que sois um único Deus, tende piedade de nós.
Santa Maria, Rainha dos Anjos, rogai por nós.
São Miguel, rogai por nós.
São Miguel, cheio da graça de Deus, rogai por nós.

São Miguel, perfeito adorador do Verbo Divino, rogai por nós.

São Miguel, coroado de honra e de glória, rogai por nós.

São Miguel, poderosíssimo Príncipe dos exércitos do Senhor, rogai por nós.

São Miguel, porta-estandarte da Santíssima Trindade, rogai por nós.

São Miguel, guardião do Paraíso, rogai por nós.

São Miguel, guia e consolador do povo israelita, rogai por nós.

São Miguel, esplendor e fortaleza da Igreja militante, rogai por nós.

São Miguel, honra e alegria da Igreja triunfante, rogai por nós.

São Miguel, luz dos Anjos, rogai por nós.

São Miguel, baluarte dos Cristãos, rogai por nós.

São Miguel, força daqueles que combatem pelo estandarte da Cruz, rogai por nós.

São Miguel, luz e confiança das almas no último momento da vida, rogai por nós.

São Miguel, socorro muito certo, rogai por nós.

São Miguel, nosso auxílio em todas as adversidades, rogai por nós.

São Miguel, arauto da sentença eterna, rogai por nós.

São Miguel, consolador das almas que estão no Purgatório, rogai por nós.

São Miguel, a quem o Senhor incumbiu de receber as almas que estão no Purgatório, rogai por nós.

São Miguel, nosso Príncipe, rogai por nós.

São Miguel, nosso Advogado, rogai por nós.

Cordeiro de Deus, que tirais o pecado do mundo, perdoai-nos, Senhor.

Cordeiro de Deus, que tirais o pecado do mundo, atendei-nos, Senhor.

Cordeiro de Deus, que tirais o pecado do mundo, tende piedade de nós.

P: Rogai por nós, ó glorioso São Miguel, Príncipe da Igreja de Cristo,

R: para que sejamos dignos de suas promessas. Amém.

Oração: Senhor Jesus Cristo, santificai-nos, por uma bênção sempre nova, e concedei-nos, pela intercessão de São Miguel, esta sabedoria que nos ensina a ajuntar riquezas do Céu e a trocar os bens do tempo presente pelos da eternidade. Vós que viveis e reinais em todos os séculos dos séculos. Amém.

Ao final, reza-se:
1 Pai-nosso, em honra de São Gabriel.
1 Pai-nosso, em honra de São Miguel Arcanjo.
1 Pai-nosso, em honra de São Rafael.

Oremos: Gloriosíssimo São Miguel, chefe e príncipe dos exércitos celestes, fiel guardião das almas, vencedor dos espíritos rebeldes, amado da casa de Deus, nosso admirável guia depois de Cristo; vós, cuja excelência e virtudes são eminentíssimas, dignai-vos livrar-nos de todos os males, nós todos que recorremos a vós com confiança, e fazei pela vossa incomparável proteção que adiantemos cada dia mais na fidelidade em servir a Deus.

Rogai por nós, ó bem-aventurado São Miguel, príncipe da Igreja de Cristo,
R: para que sejamos dignos de suas promessas. Amém.

Oração: Deus, todo-poderoso e eterno, que, por um prodígio de bondade e misericórdia para a salvação dos homens, escolhestes para príncipe de Vossa Igreja o gloriosíssimo Arcanjo São Miguel, tornai-nos dignos, nós vo-lo pedimos, de sermos preservados de todos os nossos inimigos, a fim de que, na hora da nossa morte, nenhum deles nos possa inquietar, mas que nos seja dado de sermos introduzidos por ele na presença da vossa poderosa e augusta Majestade, pelos merecimentos de Jesus Cristo, Nosso Senhor. Amém.

Consagração a São Miguel Arcanjo

Ó Príncipe nobilíssimo dos Anjos, valoroso guerreiro do Altíssimo, zeloso defensor da glória do Senhor, terror dos espíritos rebeldes, amor e delícia de todos os Anjos justos, meu diletíssimo Arcanjo São Miguel: desejando eu fazer parte do número de vossos devotos e servos, a vós hoje me consagro, eu me dou, eu me ofereço e ponho-me a mim próprio, minha família e tudo o que me pertence, debaixo de vossa poderosíssima proteção.

É pequena a oferta de meu serviço, sendo como sou um miserável pecador, mas vós engrandecereis o afeto de meu coração. Recordai-vos que de hoje em diante estou debaixo de vosso sustento e deveis assistir-me em toda a minha vida e obter-me o perdão de meus muitos e graves pecados, e a graça de amar a Deus, meu Salvador, de todo o coração, e a minha Mãe Maria Santíssima. Obtende-me aqueles auxílios que me são necessários para obter a coroa da eterna glória.

Defendei-me dos inimigos da alma, especialmente na hora da morte. Vinde, ó príncipe gloriosíssimo, assistir-me na última luta e com vossa arma poderosa lançai para longe, precipitando, nos abismos do inferno, aquele anjo quebrador de promessas e soberbo que um dia prostrastes no combate no Céu.

São Miguel Arcanjo, defendei-nos no combate para que não pereçamos no supremo juízo. Amém.

Coroa (ou Rosário) de São Miguel Arcanjo

Reza-se na medalha do início:
P: Deus, vinde em nosso auxílio!
T: Senhor, socorrei-nos e salvai-nos!
P: Glória ao Pai e ao Filho e ao Espírito Santo,
T: como era no princípio agora e sempre. Amém.

Primeira saudação:
Saudamos o primeiro coro dos Anjos e pedimos, pela intercessão de São Miguel e do coro celeste dos serafins, que o Senhor Jesus nos torne dignos de sermos abrasados de uma perfeita caridade. Amém.
Pai-nosso... Três Ave-Marias... Glória ao Pai...
Jaculatória: São Miguel Arcanjo, defendei-nos no combate.

Segunda saudação:
Saudamos o segundo coro dos Anjos e pedimos, pela intercessão de São Miguel e do coro celeste dos Querubins, que o Senhor Jesus nos conceda a graça de fugirmos do pecado e procurarmos a perfeição cristã. Amém.
Pai-nosso... Três Ave-Marias... Glória ao Pai...
Jaculatória: São Miguel Arcanjo, defendei-nos no combate.

Terceira saudação:
Saudamos o terceiro coro dos Anjos e pedimos, pela intercessão de São Miguel e do coro celeste dos Tronos, que Deus derrame em nosso coração o espírito de verdadeira e sincera humildade. Amém.
Pai-nosso... Três Ave-Marias... Glória ao Pai...
Jaculatória: São Miguel Arcanjo, defendei-nos no combate.

Quarta saudação:
Saudamos o quarto coro dos Anjos e pedimos, pela intercessão de São Miguel e do coro celeste das Dominações, que o Senhor nos conceda a graça de dominar nossos sentidos e de nos corrigir de nossas más paixões. Amém.
Pai-nosso… Três Ave-Marias… Glória ao Pai…
Jaculatória: São Miguel Arcanjo, defendei-nos no combate.

Quinta saudação:
Saudamos o quinto coro dos Anjos e pedimos, pela intercessão de São Miguel e do coro celeste das Potestades, que o Senhor Jesus se digne proteger nossa alma contra as ciladas e as tentações de Satanás e dos demônios. Amém.
Pai-nosso… Três Ave-Marias… Glória ao Pai…
Jaculatória: São Miguel Arcanjo, defendei-nos no combate.

Sexta saudação:
Saudamos o sexto coro dos Anjos e pedimos, pela intercessão de São Miguel e do coro admirável das Virtudes, que o Senhor não nos deixe cair em tentação, mas que nos livre de todo o mal. Amém.
Pai-nosso… Três Ave-Marias… Glória ao Pai…
Jaculatória: São Miguel Arcanjo, defendei-nos no combate.

Sétima saudação:
Saudamos o sétimo coro dos Anjos e pedimos, pela intercessão de São Miguel e do coro celeste dos Principados, que o Senhor encha nossa alma do espírito de uma verdadeira e sincera obediência. Amém.
Pai-nosso… Três Ave-Marias… Glória ao Pai…
Jaculatória: São Miguel Arcanjo, defendei-nos no combate.

Oitava saudação:
Saudamos o oitavo coro dos Anjos e pedimos, pela intercessão de São Miguel e do coro celeste dos Arcanjos, que o Senhor nos conceda o dom da perseverança na fé e nas boas obras, a fim de que possamos chegar a possuir a glória do Paraíso. Amém.

Pai-nosso... Três Ave-Marias... Glória ao Pai...
Jaculatória: São Miguel Arcanjo, defendei-nos no combate.

Nona saudação:
Saudamos o nono coro dos Anjos e pedimos, pela intercessão de São Miguel e do coro celeste de todos os Anjos, que sejamos guardados por eles nesta vida mortal, para sermos conduzidos por eles à glória eterna do Céu. Amém.
Pai-nosso... Três Ave-Marias... Glória ao Pai...
Jaculatória: São Miguel Arcanjo, defendei-nos no combate.

Ao final, reza-se:
1 Pai-nosso em honra de São Miguel Arcanjo.
1 Pai-nosso em honra de São Gabriel.
1 Pai-nosso em honra de São Rafael.
1 Pai-nosso em honra de nosso Anjo da Guarda.

Antífona:
Gloriosíssimo São Miguel, chefe e príncipe dos exércitos celestes, fiel guardião das almas, vencedor dos espíritos rebeldes, amado da casa de Deus, nosso admirável guia depois de Cristo; vós, cuja excelência e virtudes são eminentíssimas, dignai-vos livrar-nos de todos os males, nós todos que recorremos a vós com confiança, e fazei, pela vossa incomparável proteção, que adiantemos cada dia mais na fidelidade em servir a Deus. Amém.
P: Rogai por nós, ó bem-aventurado São Miguel, príncipe da Igreja de Cristo,
R: para que sejamos dignos de suas promessas. Amém.

Oremos: Deus, todo-poderoso e eterno, que por um prodígio de bondade e misericórdia, para a salvação dos homens, escolhestes para príncipe de Vossa Igreja o gloriosíssimo Arcanjo São Miguel, tornai-nos dignos, nós vo-lo pedimos, de sermos preservados de todos os nossos inimigos, a fim de que na hora de nossa morte nenhum deles nos possa inquietar, mas que nos seja dado sermos introduzidos por ele na presença de vossa poderosa e augusta Majestade, pelos merecimentos de Jesus Cristo, Nosso Senhor. Amém.

Oração de São Miguel Arcanjo em favor dos doentes

Glorioso São Miguel Arcanjo, o primeiro entre os Anjos de Deus, guarda e protetor da Igreja, lembrando que Nosso Senhor vos confiou a missão de velar por seu povo em marcha para a vida eterna, mas rodeado de tantos perigos e tantas ciladas do dragão infernal, eis-nos prostrados a vossos pés, para implorar confiadamente vosso auxílio, pois não há necessidade alguma em que não vos possais valer. Sabeis das dificuldades que nossos irmãos enfermos sofrem. Intercedei junto de Deus por eles, para que alcancem a recuperação, a saúde e a salvação. Dai-lhes também a paciência e aquilo que sabeis que é mais do agrado de Deus. Amém.

Oração de São Miguel Arcanjo pelos falecidos

Ó São Miguel Arcanjo, em vossa missão de pesar, na balança da justiça divina, aqueles que passam pela experiência da morte e tendo recebido de Deus a missão de conduzir as almas para o céu, olhai por todos os nossos falecidos. Pedi a Deus por eles que alcancem a felicidade eterna, que todos os falecidos, tendo passado pela morte, participem do convívio dos santos. Amém.

Consagração da família a São Miguel Arcanjo

Ó Grande São Miguel Arcanjo, príncipe e chefe das legiões angélicas, penetrado do sentimento de vossa grandeza, de vossa bondade e vosso poder, em presença da adorável Santíssima Trindade, da Virgem Maria e toda a corte celeste, venho hoje consagrar minha família a vós. Quero, com minha família, honrar-vos e vos invocar fielmente. Recebei-nos sob vossa especial proteção e dignai-vos, desde então, velar sobre nossos interesses espirituais e temporais. Conservai entre nós a perfeita união do espírito dos corações e do amor familiar. Defendei-nos contra o ataque inimigo, preservai-nos de todo o mal e, particularmente, da desgraça de ofender a Deus. Que por nossos cuidados, devotados e vigilantes, cheguemos todos à felicidade eterna. Dignai-vos, grande São Miguel Arcanjo, reunir todos os membros de nossa família. Amém.

BIBLIOGRAFIA

ANCILLI, Ermanno. Pontifício Instituto de Espiritualidade Teresianum. Dicionário de Espiritualidade: Volume I. São Paulo: Editoras Paulinas, e Loyola, 2012.
CAMPOS, Adriano Couto. *São Miguel Arcanjo*. Campinas: Editora Raboni, 2010.
FAITANIN, Paulo. *A Ordem dos Anjos segundo Tomás de Aquino*. Revista Ágora Filosófica, Ano 10, n. 1.
HAHN, Scott. *O Banquete do Cordeiro*. São Paulo: Editoras Cléofas e Loyola, 2021.
SOLIMEO, Plinio Maria. *Os Santos Anjos, nossos celestes protetores*. São Paulo: Artpress, 1999.
https://pt.aleteia.org/2018/09/28/houve-uma-batalha-no-ceu-a-historiade-sao-miguel-arcanjo-e-os-anjos-caidos/ extraído do livro de José Antonio Fortea. História do mundo dos anjos. Trad. Laura de Andrade. São Paulo: Palavra & Prece, 2012. p. 61-62.
Pe. Maciel M. Claro, cmf.
https://domvob.wordpress.com/2011/09/28/aoracao-da-ladainha-o-que-e-e-como-surgiu
https://www.acidigital.com/noticias/esta-e-a-verdadeira-historia-da-oracao-a-sao-miguel-arcanjo-do-papa-leao-xiii-1411

ÍNDICE

Apresentação 5

Prefácio 7
Introdução 11

1. Quem são os anjos 17
2. A hierarquia dos Anjos 23
3. São Miguel Arcanjo na Sagrada Escritura 29
4. São Miguel Arcanjo a partir dos Papas e dos Santos 35
5. A luta de São Miguel contra o demônio 47
6. Vivendo práticas devocionais a São Miguel Arcanjo 53
Conclusão 61

Orações 63
    Bênção e imposição do escapulário de
    São Miguel Arcanjo do Ritual Romano 65
    Quaresma de São Miguel Arcanjo 67
    Consagração a São Miguel Arcanjo 70
    Coroa (ou Rosário) de São Miguel Arcanjo 71
    Oração de São Miguel Arcanjo em favor dos doentes 74
    Oração de São Miguel Arcanjo pelos falecidos 75
    Consagração da família a São Miguel Arcanjo 76

Bibliografia 77

Este livro foi composto com as famílias tipográficas BonvenoCF e Source Sans
e impresso em papel Offset 70g/m² pela **Gráfica Santuário.**